Stefanie Schaeffler

# Was mit dem Zweiten anders wird …

- ⊙ Wie Sie Ihr Kind auf das neue Baby vorbereiten
- ⊙ Richtig umgehen mit Eifersucht und Konkurrenz
- ⊙ Damit sich alle über den Zuwachs freuen

südwest

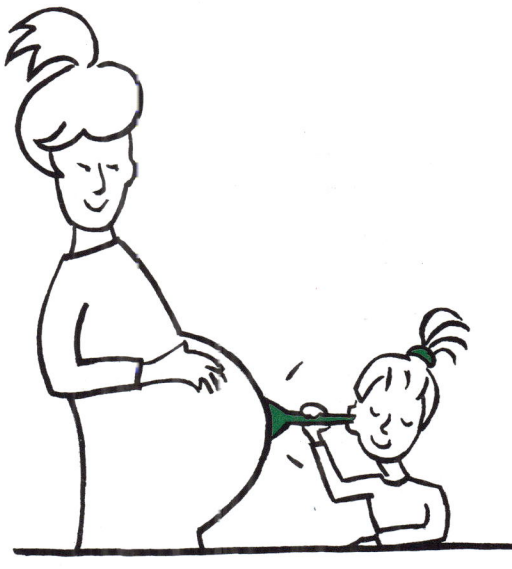

# Inhalt

# Vorwort

Füttern, Wickeln, Trösten, Ins-Bett-Bringen ... Das alles beherrschen Sie aus dem Effeff. Schließlich haben Sie ausreichend Erfahrung mit Ihrem ersten Kind gesammelt! Wozu also ein Buch über das zweite Kind? Was soll da groß anders werden als mit dem Ersten?

Eine ganze Menge! Da sind nicht nur plötzlich zwei Kinder, die Ihre ganze Aufmerksamkeit fordern, und ein Familienalltag, der wahre Manager-Qualitäten verlangt, nein, Ihre ganze Familie wird sich grundlegend verändern.

Dieses Buch wendet sich an Mütter und Väter, die gerne ein zweites Kind möchten, sich aber nicht sicher sind, ob der richtige Zeitpunkt dafür gekommen ist. Und ebenso an Eltern, deren zweites Kind bereits unterwegs ist und die sich fragen: »Wie wird unser Erstgeborenes es verkraften, nicht mehr Mittelpunkt der Familie zu sein?« Und schließlich ist es für Eltern, deren zwei Kinder sich ständig in den Haaren liegen und die deshalb wissen wollen: »Was können wir tun, damit sich unsere Kinder wieder besser vertragen?«

## Geschwister: Ein Bund fürs Leben

Vielleicht waren Sie ja selbst ein Einzelkind und haben sich immer ein Geschwister gewünscht. Kein Wunder, dass Sie jetzt Ihrem eigenen Kind diesen Wunsch erfüllen wollen! Oder Sie haben erlebt, wie es ist, mit Geschwistern aufzuwachsen, können sich noch heute mit dem Lieblingsbruder oder der Lieblingsschwester über eine winzige Bemerkung schier totlachen oder den Satz: »Mit meiner Schwester/meinem Bruder streite ich am liebsten« bestens nachvollziehen. Glück gehabt! Andere hadern ihr ganzes Leben lang mit einer gestörten Beziehung zu Bruder oder Schwester. Aber egal wie gut oder schlecht die Beziehung zu unseren Geschwis-

**Mit der Geburt des zweiten Kindes wird sich die Familie grundlegend verändern.**

tern auch war – in jedem Fall hat sie uns stark geprägt. Sie ist in der Regel die am längsten andauernde menschliche Beziehung in unserem Leben. Freunde, Bekannte, Lebenspartner kommen und gehen, die Geschwister bleiben – und lassen uns niemals kalt.

## Geschwister prägen spätere Beziehungen

»Ständig kümmerst du dich nur noch ums Baby, und ich kann sehen, wo ich bleibe«, »Kollege Müller macht sich wieder mal lieb Kind beim Chef«, »Da bist du Abteilungsleiter und lässt dich von der kleinsten Kritik deines Bruders völlig aus dem Konzept bringen!« Bemerkungen dieser Art zeigen, wie stark Geschwisterbeziehungen noch in das Leben von Erwachsenen hineinwirken. Wie viel Nähe wir in Freundschaften zulassen können, wie wir mit Konkurrenz und Neid umgehen, ob wir uns vom Leben beschenkt oder benachteiligt fühlen, ob Vertrauen oder Eifersucht und Misstrauen unsere Partnerschaft bestimmen, all das hängt nicht zuletzt von den Erfahrungen ab, die wir in der Kindheit mit unseren Geschwistern gemacht haben.

## Den Grundstein legen die Eltern

Den Eltern von Geschwisterkindern kommt die Aufgabe zu, den Grundstein für eine liebevolle, aber nichtsdestoweniger streitbare und lebendige Geschwisterbeziehung zu legen. Mutter und Vater leben Beziehung vor und sind außerdem die »Moderatoren« im Miteinander der Kinder. Unsere Kinder nicht nur zu selbstbewussten Individuen, sondern auch zu solidarischen Geschwistern zu erziehen ist eine der spannendsten Herausforderungen in unserem Leben als Eltern. Wir können dabei viel über uns selbst und unsere Partnerschaft lernen – und vielleicht wird sich sogar unser Bild von den eigenen Geschwisterbeziehungen verändern.

*Das Verhältnis zu unseren Geschwistern prägt unser ganzes Leben und alle späteren Beziehungen.*

# Die Entscheidung für ein zweites Kind

**Ein Kind, das von seinen Eltern geliebt wird, kann mit und ohne Bruder oder Schwester glücklich werden.**

Ein Kind ist stets ein Geschenk, zu welchem Zeitpunkt auch immer. Und da beim Kinderkriegen ja auch die Natur ein Wörtchen mitzureden hat, sollten wir uns für die Familienplanung keinen zu engen Zeitrahmen setzen. Trotzdem können wir uns natürlich Gedanken darüber machen, wann der richtige Zeitpunkt für ein zweites Kind gekommen ist. Das Wichtigste aber ist: Wenn wir die Geburt eines Kindes schon bewusst planen, dann sollten wir ihm auch einen Lebensstart in einer harmonischen Familie ermöglichen.

## Die beste Grundlage: eine stabile Beziehung

Warum wollen Sie eigentlich noch ein zweites Kind? Vielleicht weil Sie glauben, dass es Ihrer Ehe gut tun könnte, mit der es im Moment nicht zum Besten steht? Oder weil Ihr Erstgeborenes sich ein Geschwisterchen wünscht? Wenn Sie auch nur eine dieser Fragen mit Ja beantworten, sollten Sie Ihre Entscheidung noch einmal gründlich überdenken!

## Die Entscheidung liegt bei Mutter und Vater

Ein Baby ist kein »Ehekitt«! Obwohl es die Dynamik innerhalb einer Familie völlig verändern kann, wird eine verfahrene Partnerschaft dadurch nicht gerettet. Im Gegenteil: Viele Ehen werden geschieden, weil sie die Belastungsprobe Kind nicht überstehen. Außerdem trägt ein Kind, das in der (meist unbewussten) Absicht gezeugt wurde, die Partnerschaft zu retten, von Anfang an eine schwere Bürde. Bevor Sie sich also Gedanken über ein zweites Kind machen, sollten Sie sich Gedanken über den Zustand Ihrer Partnerschaft machen.

Auch wenn das Erstgeborene noch so sehr auf einen Bruder oder eine Schwester drängt, die Entscheidung muss unabhängig davon von den Eltern gefällt werden. Wollen sie wirklich beide noch ein Kind? Bedenken Sie, wo Ihre individuelle Belastungsgrenze liegt. Und wenn hauptsächlich eine(r) von Ihnen ein Kind möchte: Ist es die Person, die auch die Hauptverantwortung bei der Betreuung übernehmen will und kann?

> Egal, ob Eltern sich für oder gegen ein zweites Kind entscheiden: Eine einfache Erklärung hilft dem Erstgeborenen, ihre Entscheidung zu verstehen.

*Einzelkindeltern werden von ihren Sprösslingen stärker beansprucht als Eltern von Geschwisterkindern und müssen so manches Mal den Spielkameraden ersetzen.*

*Auch Väter können Elternzeit beantragen*

## Es muss ja nicht das klassische Familienmodell sein!

Was tun, wenn die Mutter sich mit einem Kind schon überfordert fühlt und gerne ihre Berufstätigkeit wieder aufnehmen würde, der Mann aber unbedingt noch ein Kind möchte? Da gibt es eigentlich nur eine sinnvolle Lösung: Er könnte in Zukunft verstärkt für die Kinder sorgen und Elternzeit beantragen. In vielen Beziehungen ist der Wunsch nach Kindern bei Frau und Mann unterschiedlich stark ausgeprägt, und letztlich muss ein Kompromiss gefunden werden, mit dem beide Partner leben können.

## Braucht unser Kind ein Geschwister?

Keine Frage: Ein Geschwister ist eine große Bereicherung für das Erstgeborene, weil es ihm Gelegenheit bietet, sozialen Umgang zu üben. Das heißt aber nicht im Umkehrschluss, dass ein Einzelkind mangelhafte soziale Fähigkeiten besitzt oder egoistischer ist. »Typisch Einzelkind« gilt in unserer Zeit, in der jedes zweite Kind ein Einzelkind ist, schon lange nicht mehr. Dennoch bleibt ein ganz entscheidender Unterschied bestehen: Ein Einzelkind kann zwar in der Krabbelgruppe oder im Kindergarten das Teilen von Spielsachen oder Keksen lernen, das Teilen des wichtigsten Guts, der elterlichen Liebe, bleibt ihm jedoch erspart – und damit eine wichtige Lebenserfahrung versagt.

## »Hoppla, noch ein Kind!«

Und was, wenn das Zweite ungeplant kommt? Kein Problem, wenn Sie insgeheim ohnehin schon mit einem weiteren Kind geliebäugelt haben! Für manche Paare kann der »ungebetene Nachwuchs« aber auch zur Belastungsprobe werden – weil sie schon mit dem Ersten überfordert sind oder Probleme in der Beziehung haben. Dann ist jetzt der richtige Zeitpunkt gekommen, um die Probleme aktiv anzugehen – der Partnerschaft zuliebe und im Sinne der Kinder, des Erstgeborenen wie des Ungeborenen. Familienberatungsstellen bieten kostenlose Beratung an und können eine Partnertherapie vermitteln.

Den Eltern, die bisher glaubten, dass Einzelkinder es einfach besser haben, und sich deshalb mit ihrer ganzen Zuneigung auf nur ein Kind konzentrieren wollten, möchte ich Mut machen: Viele Kinder empfinden es als Entlastung, nicht mehr im Mittelpunkt der Erziehungsbemühungen ihrer Eltern zu stehen.

## Der »ideale« Altersabstand

Grundsätzlich gilt die Regel: Einen idealen Altersabstand zwischen zwei Geschwistern gibt es nicht. Jede Geschwisterbeziehung hat ihre eigene Dynamik. Und die ist nicht nur vom Altersabstand abhängig, sondern auch von Geschlecht und Persönlichkeit der Kinder und von den individuellen Gegebenheiten der Familie.

### Ein Altersabstand bis etwa zwei Jahre

Folgt bald auf das Erste schon das Zweite, so bedeutet das für die Eltern, besonders für die Mutter, eine große Belastung. Wenn die Mutter lange stillt, hat sie das eine Kind vielleicht gerade erst abgestillt, wenn das nächste auf die Welt kommt. Die Eltern werden doppelt so oft nachts geweckt. Außerdem entstehen höhere Anschaffungskosten: für einen Doppelkinderwagen, ein zweites Gitterbettchen und vieles mehr.

Auf der anderen Seite ist auch manches einfacher, weil die Kinder noch ähnliche Bedürfnisse haben und sozusagen vieles in einem Aufwasch geht. Unterm Strich wird es Ihnen aber manchmal Leid tun, dass Sie die Babyzeit jedes Ihrer Kinder nicht in Ruhe genießen können.

Ein ein- bis zweijähriges Erstgeborenes hat meist noch eine sehr enge körperliche Bindung zur Mutter, und es ist schmerzhaft und verwirrend, diesen Platz schon so früh für das Baby räumen zu müssen.

Ein kleiner Altersabstand führt zu großer emotionaler Nähe zwischen den Geschwistern. Andererseits sind sie zeitweise »wie Hund und Katz«, weil sie stets gegenseitig ihre Grenzen abstecken müssen. Besonders bei gleichgeschlechtlichen Kindern

> **Viel wichtiger als der »ideale« Altersabstand: Ist für Ihre Familie der richtige Zeitpunkt für ein zweites Kind gekommen?**

**Der Kindergarten-beginn sollte bereits vor der Geburt des Geschwisters liegen, damit für das Ältere nicht der Eindruck entsteht, es müsste das Feld für das Baby räumen.**

ist die Rivalität dann oft sehr ausgeprägt. Generell ist die Konkurrenz zwischen zwei in kurzem Abstand geborenen Brüdern am größten, zwischen altersmäßig weit auseinanderliegenden gegengeschlechtlichen Geschwistern dagegen am schwächsten. Manche Eltern halten die Kombination großer Bruder, kleine Schwester für ideal.

## Zweieinhalb bis dreieinhalb Jahre Abstand

Ein Abstand von rund drei Jahren gilt als guter Mittelweg. Die Persönlichkeit des Älteren konnte sich bereits ein Stück weit entwickeln, und es ist in der Regel so selbstständig, dass es in den Kindergarten gehen kann. Die Geschwister haben unterschiedliche Bedürfnisse, Interessen und Fähigkeiten, weshalb die Rivalität weniger ausgeprägt ist als bei geringem Altersabstand. Manchmal ist die Eifersucht des älteren Kindes am Anfang groß. Schließlich hat es sich schon längere Zeit an seinen Einzelkindstatus gewöhnt. Es be-

**Kein Erstgeborenes will die Liebe der Eltern teilen**

kommt das ganze Geschehen ums Baby sehr bewusst mit, ist aber noch nicht reif genug, um die Zurückweisung, die damit verbunden ist, richtig einordnen zu können. Für die Eltern ist ein Altersabstand von etwa drei Jahren relativ günstig. Das Ältere ist bereits »aus dem Gröbsten raus«, und man kann die unterschiedlichen Lebensalter der Kinder ganz bewusst genießen. Der Alltag ist einfacher, da nur ein Kind getragen, gewickelt, gefüttert werden muss. Wenn das Ältere bereits in den Kindergarten geht, kann man sich in dieser Zeit verstärkt dem Jüngeren widmen und in den anderen Zeiten mit gutem Gewissen dem Erstgeborenen größere Aufmerksamkeit zukommen lassen. Ein praktischer Aspekt: Kleider und Spielsachen können gut weitervererbt werden, da das Größere sie schon länger abgelegt hat.

## Ein Altersabstand von vier Jahren und mehr

Ein großer Altersabstand bringt naturgemäß eine größere emotionale Distanz zwischen den Kindern mit sich. Das Ältere ist in der Regel weniger eifersüchtig auf das Baby, da es in vielen Dingen eine andere Art von Zuwendung braucht. Oft wenden sich Kinder ab etwa viereinhalb Jahren auch verstärkt dem Vater zu, so dass die Besetzung der Mutter durch das Baby nicht als so schwerer Verlust erlebt wird. Da die Bedürfnisse und Fähigkeiten der Geschwister sehr unterschiedlich sind, werden sie weniger miteinander konkurrieren, aber auch weniger miteinander spielen.

Es gibt Eltern, die es als Nachteil empfinden, mit einem Baby in großem Altersabstand wieder ganz von vorne anfangen und noch einmal die Einschränkungen auf sich nehmen zu müssen, die einem das Ältere nicht mehr in diesem Maße abverlangt. Auf der anderen Seite ist es wunderschön, die Babyjahre jedes Kindes ganz intensiv erleben zu können.

Ist der Altersabstand größer als sieben Jahre, spricht man von einem »Nachzügler«. Im Grunde haben Sie dann zwei Einzelkinder. Dennoch sollten Sie die Eifersucht des Älteren nicht unterschätzen, auch wenn sie nicht offen gezeigt wird.

*Fazit*

Die Entscheidung für ein zweites Kind ist Sache der Eltern und sollte nur vor dem Hintergrund einer stabilen Beziehung getroffen werden. Jeder Altersabstand zwischen Geschwistern hat Vor- und Nachteile: Ein geringer Altersabstand führt zu einer engen Bindung und großer Rivalität zwischen den Kindern und bringt in der Anfangszeit auch die größte Belastung für die Eltern. Bei großem Altersabstand hält sich die Rivalität in Grenzen, dafür ist aber auch die emotionale Bindung zwischen den Geschwistern geringer.

*Tipps für die Entscheidung*

➤ Entscheiden Sie sich nicht voreilig für ein zweites Kind: Beraten Sie sich mit dem Partner, ob wirklich beide noch ein Kind wollen und ob Ihre Lebensumstände es auch erlauben.

➤ Entscheiden Sie nicht allein nach dem Altersabstand: Da kein Altersabstand wirklich ideal ist, sondern jeder Vor- und Nachteile hat, gibt es keinen Grund für Sie, sich deswegen unter Zeitdruck zu setzen.

**Wenn ein Baby auf das andere folgt, ist die erste Zeit sehr anstrengend. Da Kinder mit geringem Altersabstand aber bald eine enge Bindung entwickeln, werden Sie später weniger gefordert sein.**

# Eine Familie ordnet sich neu

**Wenn es zum zweiten Mal Nachwuchs gibt, bedeutet das nicht einfach ein Kind mehr: Das ganze Familiengefüge verändert sich.**

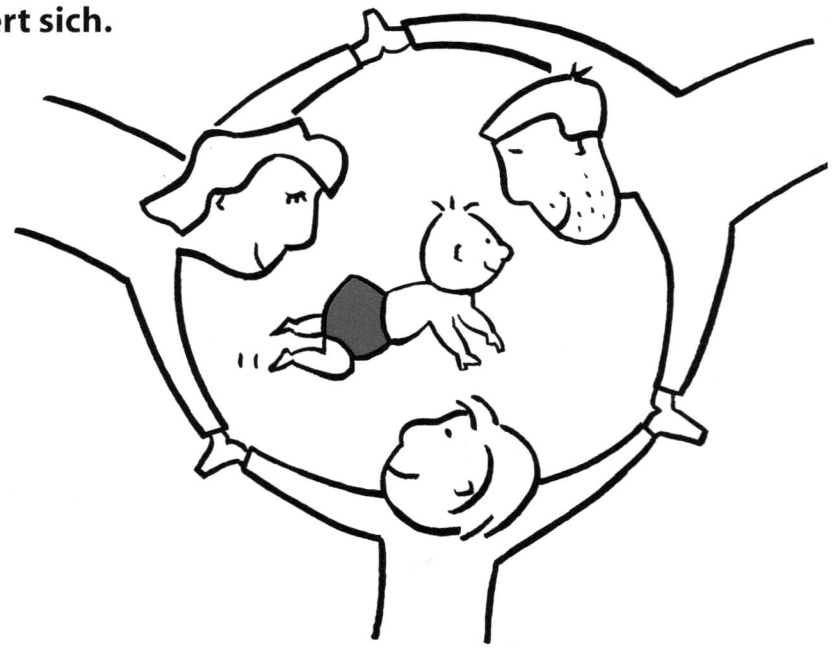

Stellen Sie sich eine Runde von Freunden um einen Kneipentisch vor. Alle Stühle sind besetzt, jeder ist ins Gespräch vertieft. Dann kommt jemand neu hinzu. Große Begrüßung, ein Stuhl von einem der Nachbartische wird organisiert, alle rücken zusammen, unter Umständen werden sogar Plätze getauscht. Kurz und gut: Es entsteht eine Menge Bewegung am Tisch, bis jeder wieder seinen Platz gefunden hat. Und während eine Person sich freut, dass sie neben dem Neuankömmling zu sitzen kommt, ist eine andere vielleicht traurig, von dem vorigen Gesprächspartner getrennt worden zu sein.

Etwas ganz Ähnliches passiert in einer Familie mit der Geburt eines Babys. Das bisherige Beziehungsdreieck Mutter-Vater-Kind löst sich auf, und oft spaltet sich die Familie in zwei »Lager«. Die eine Untergruppe bildet der Vater und das ältere Kind, die andere die Mutter und das Baby. Diese Polarisierung besteht normalerweise aber nur vorübergehend. Danach entwickeln alle Familienmitglieder ein gutes Verhältnis zueinander.

In diesem Beziehungsquadrat ergeben sich zwei neue Gruppen, nämlich die der Eltern und die der Kinder. In der Regel dauert es ein bis zwei Jahre, bis eine Familie nach der Ankunft eines Babys wieder in ein Gleichgewicht gefunden hat. In dieser Zeit müssen alle Familienmitglieder immer wieder ausprobieren, wo der beste Platz für sie ist.

## Was das Zweite für die Eltern bedeutet

Beim ersten Kind mussten Frau und Mann ihre Rolle als Eltern völlig neu definieren. Sie mussten Zutrauen in die eigenen und die Fähigkeiten von Partnerin oder Partner als Mutter und Vater fassen. Auch das zweite Kind stellt zwar wieder eine Herausforderung für eine Partnerschaft dar, doch ist die Umstellung von einer Einkindfamilie auf eine Zweikindfamile lange nicht so groß.

### Vieles ist beim Zweiten einfacher ...

Die meisten Eltern sind jetzt routinierter. Die Babypflege, die sie sich beim ersten Kind mühsam aneig-

**Wenn das zweite Kind ein anderes Geschlecht als das erste hat, eröffnet sich für Mutter und Vater noch einmal eine andere Dimension des Elternseins.**

nen mussten, geht nun mit links. All die Unsicherheiten beim Stillen sind oft (aber nicht immer!) wie weggeblasen. Der Familienalltag und die Wohnung sind bereits ganz auf Kinder eingerichtet.

Von vielen Eltern hört man, dass das Zweite viel »pflegeleichter« sei. Meist liegt das aber ganz einfach daran, dass die Eltern selbst beim Zweiten viel gelassener als beim Ersten sind, was sich dann positiv auf das Kind auswirkt.

### ... manches aber auch schwieriger

Die Hausarbeit nimmt noch einmal zu. Sie werden den Unterschied zwischen einer dreiköpfigen und einer vierköpfigen Familie deutlich spüren, aber auch Ihre Bereitschaft, gelassener damit umzugehen.

Bei Kindern mit kleinem Altersabstand werden viele alltägliche Dinge zu einer echten Herausforderung. Wenn endlich das zweite Kind für den Spaziergang angezogen ist, hat das erste schon wieder die Windeln voll. Wenn ein Kind schläft oder vielleicht bei der Oma oder der Kinderkrippe ist, können Sie

*Was Eltern zweier Kleinkinder am dringendsten brauchen: Flexibilität und die Fähigkeit, auch in Stresssituationen einen klaren Kopf zu behalten.*

sich nicht wie vorher mal etwas ausruhen oder anderen Tätigkeiten widmen, denn da ist immer noch das Zweite. Bei jedem Arztbesuch, beim Einkaufen, immer sind zwei Kinder dabei. Und was tun, wenn Sie das Große pünktlich in den Kindergarten bringen müssen, gerade jetzt aber das Kleine schreit, weil es gestillt werden will? Das Timing wird also viel schwieriger. Denn Sie müssen alle Eventualitäten wie volle Windeln oder Hunger in Ihren Zeitplan einkalkulieren.

Neben der Zuwendung, die das Baby braucht, fordert auf einmal auch das Große verstärkt Beachtung, und Sie werden so manches Mal ein schlechtes Gewissen haben, dass Sie einem der beiden nicht in dem Maße gerecht wurden, wie Sie es eigentlich wollten. Bei besonderen Belastungen, wie der Krankheit eines Kindes, dürfen Sie das andere nie ganz links liegen lassen. Wenn es sich ansteckt, halten zwei kleine Patienten Sie in Atem.

Vielleicht bekommen Sie auch ein Platzproblem in der Wohnung. Beachten Sie dabei aber, dass ein kleines Baby noch gar kein eigenes

Zimmer braucht. Ihr Erstgeborenes muss nicht schon vor der Geburt die Hälfte seines Zimmers abtreten. Ein Platz fürs Bettchen im Kinder- oder Elternschlafzimmer und eine kleine Spielecke im Wohnzimmer reichen fürs erste Jahr vollkommen aus.

Es wird auch schwieriger, eine Betreuung für beide Kinder zu organisieren. Viele Großeltern sind mit zwei Kindern schlichtweg überfordert. Aber wenn Sie mit dem Großen zum Arzt müssen und Ihren Säugling nicht in ein Wartezimmer voller kranker Kinder mitnehmen wollen, werden Sie auch für die Betreuung eines Kindes sehr dankbar sein.

## Partnerschaft auf Eis?

In der Zeit nach der Geburt des zweiten Kindes werden Sie, was Ihre Partnerschaft betrifft, noch mehr zurückstecken müssen als beim ersten Kind. Den Müttern fällt das oft gar nicht so schwer, da sie in der Anfangszeit ohnehin sehr auf das Baby konzentriert sind. Selbst wenn der Vater einen Großteil der Betreuung der Kinder übernimmt, ist die Mutter durch Schwangerschaft, Geburt und Stillen doch körperlich

viel mehr beansprucht. In den seltenen Ruhepausen sehnt sie sich oft einfach nach ihrem Bett – und ist dort am liebsten allein. Deswegen ist dann auch das Bedürfnis nach Sexualität bei vielen Frauen nicht sehr groß. Der Mann dagegen hat die gleichen sexuellen Bedürfnisse wie immer und fühlt sich oft kaltgestellt. Es hilft dem gegenseitigen Verständnis, wenn Sie sich klar machen, dass es hier gar nicht so sehr um bewusste Entscheidungen, sondern eigentlich um biologische Verhaltensweisen geht: Frauen sind von Natur aus in dieser Zeit einfach mehr auf die Pflege des Nachwuchses eingestellt.

## Mütter im Widerstreit der Gefühle

Als ich eine Freundin mit zwei Kindern bat, Erziehungstipps für dieses Buch beizusteuern, meinte sie spontan, das Wichtigste sei, dass die Mutter gut für sich selbst sorgt. Auch ich möchte allen Müttern ans Herz legen, sich schon während der Schwangerschaft mit dem Zweiten nicht zu vernachlässigen. Erinnern Sie sich zurück, was Sie sich wäh-

> Je besser das Verhältnis Ihrer Kinder ist, desto mehr Zeit werden Sie als Partner füreinander haben.

**Manche Mütter können sich kaum vorstellen, ein weiteres Kind so zu lieben wie das Erstgeborene. Keine Angst! Die Liebe kommt von selbst.**

**Achten Sie darauf, dass Ihr Älteres sich nicht »ausgeschlossen« fühlt!**

rend der ersten Schwangerschaft gegönnt haben (den Geburtsvorbereitungskurs, die Jogagruppe für Schwangere ...), und bitten Sie Ihren Mann, eine Freundin oder die Großeltern, Ihnen Ihr erstes Kind abzunehmen, damit Sie sich auch in dieser Schwangerschaft etwas Gutes tun können. Sie sollten dabei kein schlechtes Gewissen haben! Was Ihr Kind am meisten braucht, ist eine ausgeruhte und gut gelaunte Mutter, und dazu brauchen Sie hin und wieder eine Auszeit für sich.

Erschrecken Sie nicht, wenn Sie nach der Geburt Ihres Jüngsten zum ersten Mal Ablehnung gegenüber Ihrem Älteren spüren! Wir Mütter sind in dieser Zeit hormonell hauptsächlich auf die Versorgung des Neugeborenen eingestellt. Wenn Ihr Mann Ihnen also vorwirft: »Du kümmerst dich

nur noch ums Baby!«, hat er vielleicht gar nicht so Unrecht. Aber das ist keine bewusste Entscheidung von Ihnen. Sprechen Sie mit ihm über das Gefühl, im Moment gar nicht anders zu können, und bitten Sie ihn, vermehrt als Ansprechpartner für das Ältere da zu sein. Und nehmen Sie seine Bemerkung als Anregung, auch Ihrem älteren Kind wieder mehr Aufmerksamkeit zu schenken.

### Warum Väter jetzt noch wichtiger sind

Wenn Sie als Vater sich angesichts der trauten Zweisamkeit von Mutter und Baby ein wenig ausgeschlossen vorkommen, machen Sie das Beste daraus! Es gibt nämlich noch jemanden, der sich ein wenig außen vor fühlt: Ihr großes Kind. Sie müssen es jetzt auffangen (und vielleicht manchmal auch vor der Schlafzimmertür abfangen, damit Mutter und Baby ungestört ein Nickerchen halten können).

Für manche Väter ist die Anfangszeit mit einem neuen Baby eine große Umstellung. Zu den üblichen beruflichen Belastungen kommt nun noch die Beanspruchung durch das ältere Kind, das vielleicht morgens auf dem Weg zur Arbeit im Kindergarten vorbeigebracht werden muss und abends verstärkt Papas Zuwendung braucht, und so manche schlaflose Nacht. Oft ist es dann besser, nachts auf die Gästecouch auszuweichen, damit am Morgen wenigstens einer ausgeschlafen ist.

Genau wie Ihre Frau brauchen auch Sie Auszeiten. Besprechen Sie gemeinsam, wie beide zu ihrem Recht kommen können.

## Eltern sind nicht nur Vater und Mutter!

Zum Glück erlebt man heute nicht mehr oft, dass sich Ehepaare gegenseitig mit »Mama« und »Papa« ansprechen. Aber ich beobachte häufig, dass sich jeder der Partner hauptsächlich auf die Kinder bezieht und eine direkte Verbindung zwischen Mann und Frau kaum zu spüren ist. Natürlich ist unser Familienleben sehr von den Kindern geprägt, vor allem wenn sie noch klein sind. Trotzdem sollten wir die Paarbeziehung auch im Bei-

sein der Kinder nicht vergessen. Versuchen Sie zum Beispiel, Freizeitbeschäftigungen zu finden, die nicht nur den Kindern, sondern auch Ihnen beiden gemeinsam Spaß machen.

Verbringen Sie außerdem regelmäßig alle ein bis zwei Wochen einen gemeinsamen Abend ohne Kinder. In einer anderen Umgebung als zu Hause werden Sie Ihre Elternpflichten und den Alltag viel leichter beiseite schieben, so dass Sie von einem solchen Abend als Paar nur profitieren können.

## Organisation tut Not!

Einen reibungslosen und harmonischen Familienalltag zu organisieren verlangt ernsthaftes Zeitmanagement. Es ist ein großer Fehler zu glauben, dass man »das Kind schon irgendwie schaukeln« wird. Wenn jeder in der Familie weiterhin zu seinem Recht kommen soll, sind genaue Absprachen nötig. Setzen Sie sich also regelmäßig, zum Beispiel jeden Sonntag Abend, in Ruhe zusammen, um zu besprechen, was in der nächsten Zeit ansteht. Vermerken Sie Termine und Abspra-

> **Im Spiel mit den Kindern kann man das Kind in sich selbst und im Partner neu entdecken.**

chen in einem Kalender, der sichtbar in der Wohnung aufgehängt ist. Daneben muss man mit zwei Kindern wesentlich erfinderischer und flexibler sein als mit einem. Was tun, wenn das Mittagsschläfchen des Babys genau mit der Abholzeit des Kindergartens zusammenfällt? Nun, entweder treffen Sie eine Verabredung mit der netten Nachbarin, der Sie beim Gehen noch schnell das Babyfon und den Wohnungsschlüssel vorbeibringen. Oder Sie legen das Baby gleich angezogen im ruhigen und kühlen Flur in den Kinderwagen, bis Sie zum Kindergarten gehen. Eine dritte Möglichkeit: Sie bitten eine befreundete Mutter, deren Kind in den gleichen Kindergarten geht, Ihr Kind eine Zeit lang mitzubringen.

Weit schwieriger ist es, jemanden für die Betreuung von zwei Kindern zu gewinnen, vor allem wenn es sich um ein Baby und ein quirliges Kleinkind handelt. Sie müssen selbst abwägen, ob es jemanden aus dem Verwandten- oder Bekanntenkreis gibt, dem Sie das zutrauen. Wenn Sie keine andere Betreuungsmöglichkeit haben und es sich

> **Knüpfen Sie Kontakte zu anderen Familien mit Kindern. Dann können Sie in schwierigen Zeiten einander aushelfen.**

irgendwie leisten können, rate ich dazu, das Baby schon vor der Fremdelphase an einen Babysitter zu gewöhnen.

Kopf hoch, wenn es mit der Organisation des Alltags in Ihrer Familie mal wieder besonders schwierig ist! Trösten Sie sich mit dem Gedanken, dass in ein paar Wochen alles schon wieder ganz anders aussieht.

## Was das Zweite für das Erstgeborene bedeutet

Sie kommen nach Hause, und bei Ihrem Mann liegt eine andere im Bett. Sie schreien: »Verrat!« Doch Ihr Mann lächelt nur und sagt mit sanfter Stimme: »Aber Schatz, reg dich doch nicht so auf, sie gehört jetzt einfach auch zu uns. Deswegen hab ich dich doch nicht weniger lieb.« Genauso ergeht es Ihrem Erstgeborenen, wenn das Baby da ist. Was ich mit diesem drastischen Vergleich sagen will: Die Ankunft eines Geschwisterchens ist eine Erfahrung, die mit Schmerz und Verlustangst verbunden ist. Sie können sie Ihrem Erstgeborenen nicht ersparen, ihm aber helfen, sie zu verarbeiten. Das wird Ihnen leichter fallen, wenn Sie verstehen, was genau in ihm vorgeht.

## Vom Einzelkind zum großen Geschwister

Bis zur Geburt des ersten Geschwisters kann sich ein Kind der ganzen Aufmerksamkeit und der uneingeschränkten Liebe seiner Eltern sicher sein. Wenn das Baby kommt, muss es diese Liebe teilen. In seinen Augen fällt nun sogar nicht einmal mehr die Hälfte ab, denn das Baby fordert die Aufmerksamkeit der Erwachsenen fast ständig.

Ein sehr junges Erstgeborenes erlebt das »Aus-dem-Nest-geworfen-Werden« als besonders dramatisch. Die Mutter ist irgendwie verändert, sie riecht nach Milch und spricht mit dem Baby in hohen Tonlagen. Das Kind ist noch nicht in der Lage zu begreifen, warum sie sich von ihm ab- und einem »Neuen« zuwendet. Deshalb sollte die Mutter nach der Geburt auch dem ersten Kind verstärkt körperliche Zuwendung zukommen lassen – eine doppelte

Anstrengung natürlich, da sie sich gleichzeitig ja um das Baby kümmern muss.

Das Gefühl der Zurückweisung, die Eifersucht auf das Baby und die Wut auf die Mutter sind so groß, dass Erklärungsversuche wie »Das Baby kann sich eben noch nicht selbst versorgen« oder »Du bist doch auch von mir gestillt worden« kaum Wirkung haben. Sie müssen Ihrem Erstgeborenen jetzt zeigen, dass es ganz unabhängig von Ihrer Zuneigung zum Baby geliebt wird.

Gegen Eifersucht hilft nur eines: Zeigen Sie Ihrem Erstgeborenen, dass Sie es noch genauso lieben wie vor der Geburt des Geschwisters!

**Die Ankunft des Babys empfindet das Ältere als Entthronung**

Gut gefallen hat mir das Beispiel einer Freundin, die ihrem Älteren erklärte, dass Eltern bei der Geburt eines Kindes jeweils eine große Portion Liebe »mitgeliefert« bekommen. Ein sehr tröstliches Bild!

Oft sind es jedoch gar nicht so sehr Erklärungen, die den Erstgeborenen helfen, mit ihrer Eifersucht klarzukommen, sondern vielmehr symbolhafte Handlungen. Unsere Tochter war anfangs sehr eifersüchtig und ständig damit beschäftigt, die Zeit und Zuneigung, die ich ihr und dem kleinen Bruder zukommen ließ, zu vergleichen, bis ich eines Tages mit ihr zusammen eine kleine herzförmige Schachtel aus Papier bastelte. Wir legten zwei Muscheln hinein, eine größere, die für sie selbst stand, und eine kleinere für ihren Bruder, und ich sagte ihr: »Das ist mein Herz, und da passen zwei Kinder gut hinein.« Sie entdeckte, dass die kleine Muschel sich sogar in die größere legen ließ, und platzierte je nach Lust und Laune die Muscheln in der Schachtel ineinander oder in möglichst weit voneinander entfernte Ecken. Noch jetzt, ein Jahr später, holt sie diese

> Emotionale Intelligenz heißt, dass wir unser Wissen über Erziehung manchmal beiseite schieben, um intuitiv zu erspüren, woran es unseren Kindern mangelt.

Schachtel zum Trost hervor, wenn wir Ärger miteinander haben. Der Mut zu solch einer »magischen« Lösung hat mich damit belohnt, dass ein Problem, dem ich monatelang mit Gesprächen beikommen wollte, von heute auf morgen weitgehend verschwand.

## Geschwister zwischen Liebe und Konkurrenz

In jeder gesunden Geschwisterbeziehung spielen sowohl Liebe als auch Konkurrenz eine Rolle. Es gibt kaum Kinder, die ihre Geschwister ausschließlich ablehnen, genauso wenig wie es Kinder gibt, die ihre Geschwister stets gern haben.

Kein Kind kann sich sein Geschwister aussuchen, und trotzdem hat jedes Kind von Natur aus die Bereitschaft, seine Eltern und Spielsachen zu teilen, sich über eine Vergrößerung der Familie zu freuen und Bruder oder Schwester zu lieben. Ganz automatisch stellt sich Solidarität zwischen Geschwistern ein, innerhalb der Familie gegenüber den Eltern und außerhalb, indem das Kleinere beispielsweise auf dem Pausenhof beschützt wird.

Aber Geschwister konkurrieren auch von Anfang an um die Liebe der Eltern. Diese Konkurrenz kann als Ursprung für jeden Geschwisterkonflikt überhaupt gesehen werden. Das betrifft nicht nur das ältere Geschwister, auch jüngere sind mit dem Älterwerden zunehmend eifersüchtig. Nur ist die Eifersucht beim Erstgeborenen in der Regel größer, da es seine ersten Jahre als Einzelkind in der Familie lebte.

Die Bindung (mit allen positiven Aspekten und dem negativen »Aneinander-Gebundensein«, das in dem Wort steckt) zwischen Geschwistern ist von Anfang an stark. Je geringer der Altersabstand und je mehr Zeit miteinander verbracht wird, desto intensiver ist sie, und diese geringe Distanz führt zu großer Verletzlichkeit.

In der Regel beschäftigen sich Geschwister im Laufe ihrer Kindheit und Jugend mehr miteinander als mit Mutter oder Vater, so dass der Einfluss von Geschwisterbeziehungen nicht unterschätzt werden kann und Eltern deshalb ein ganz besonderes Augenmerk darauf haben sollten.

## »Vererbte« Geschwisterbeziehungen

Wer ein zweites Kind bekommt, sollte seine Erwartungshaltung genau hinterfragen. Wenn Sie sich von Anfang an die Situation als schwierig vorstellen und ihr Ältestes insgeheim für die Zurücksetzung, die es erlebt, bedauern, übernimmt Ihr Kind wahrscheinlich diese Haltung und wird »problematisch«. Deshalb sollten Sie der Reaktion des Erstgeborenen möglichst unvoreingenommen entgegensehen.

Unsere Erwartung, wie unsere Kinder miteinander auskommen werden, wird auch von eigenen Kindheitserfahrungen stark geprägt. Wenn Sie sich als Erstgeborenes immer durch die Eltern zurückge-

> **Wenn ein zweites Kind kommt, ist das ein guter Anlass, mit den eigenen Geschwistern wieder mehr ins Gespräch zu kommen.**

### WEG MIT DEM SCHLECHTEN GEWISSEN!

»Mein armes Kind wollte ja eigentlich gar kein Geschwisterchen. Und jetzt muss es auch noch ständig zurückstecken.« Wenn Sie so denken, ist das Eifersuchtsdrama eigentlich vorprogrammiert. Also: Weg mit dem schlechten Gewissen! Denken Sie positiv: »Meinem Kind kann eigentlich gar nichts Besseres passieren, als ein Geschwisterchen zu bekommen.« Anpassungsprobleme Ihres älteren Kindes zeigen ja nur, wie richtig die Entscheidung für ein zweites Kind war.

setzt gefühlt haben, werden Sie unter Umständen Ihr Ältestes zum Nachteil des jüngeren Kindes bevorzugen. Haben Sie dagegen unter einem älteren Geschwister »gelitten«, werden Sie unbewusst Partei für das Jüngere ergreifen. Je mehr wir uns solcher Mechanismen bewusst sind, desto weniger unterliegen wir der Gefahr, Selbsterlebtes auf die Kinder zu projizieren.

## Eine Geschwisterbeziehung verändert sich

Im Umgang des Älteren mit dem Baby lässt sich gewöhnlich folgende Entwicklung erkennen: Ganz kleinen Babys gegenüber besteht zwar Neugier, aber auch eine gewisse Berührungsscheu und »Beißhemmung«. Eifersucht äußert sich eher in Aggressionen gegenüber den Eltern und allgemeinem »Schwierigsein«. Nach und nach begreift das Ältere, dass das Baby andere Fähigkeiten und Bedürfnisse hat als es selbst. Wenn das Geschwister dann etwa ein Dreivierteljahr alt ist und im Krabbelalter in den Bereich des Größeren eindringt, tauchen meist die ersten Konflikte auf. Das Ältere

richtet seine Aggression gegen das Baby, das sich seinerseits seiner Haut zu wehren beginnt. Die Aufgabe der Eltern besteht jetzt darin, diese Konflikte vermeiden zu helfen und zu entschärfen.

Etwa ein halbes Jahr später wird das Kleine dann als Spielgefährte entdeckt. Nun darf es in den für Kinder ab drei Jahren so wichtigen Rollenspielen hin und wieder einen Part übernehmen. Spätestens wenn das Jüngere zwei Jahre alt ist, entwickelt sich zwischen Geschwistern eine von den Eltern unabhängige Beziehung, und die Konflikte sind in Abwesenheit der Eltern meist geringer. Dabei ist das ältere Geschwister in der Regel in der Position des Lehrenden, und das Jüngere schaut sich viel vom Älteren ab. Aus diesem Grund sind Zweitgeborene auch meist weniger auf die Eltern bezogen als Erstgeborene. Aber auch die Jüngeren geben oft Anregungen für bisher unbekannte Spiele, und das Ältere schaut sich vom Jüngeren beispielsweise Strategien ab, um die Aufmerksamkeit der Eltern zu gewinnen.

Die unterschiedlichen Phasen einer Geschwisterbeziehung sind abhängig vom Entwicklungsstand der beiden Kinder, dem aktuellen Klima in der Familie und äußeren Faktoren, wie zum Beispiel dem Kindergartenbeginn.

## Auf den Nachwuchs vorbereiten

Schwangerschaft und die ersten Babymonate können dazu genutzt werden, das Erstgeborene mit der Rolle als älteres Geschwister vertraut zu machen. Hier ist auch die richtige Sprachregelung wichtig: Wenn wir von Anfang an von »unserem Baby« statt »Mamas Baby« sprechen, wird sich das ältere Kind weniger ausgeschlossen fühlen.

### Wann sag ich's meinem Kinde?

Eigentlich hätte jedes Kind ja das Recht, nach Mutter und Vater als dritte Person zu erfahren, dass ein Baby unterwegs ist. Da für Kleinkinder aber ein Zeitraum von neun Monaten schwer zu überblicken ist, gilt die Regel: Je jünger das Kind, desto später braucht es zu erfahren, dass ein Geschwisterchen unterwegs ist. Ein Einjähriges wird den wachsenden Bauch bei der Mutter gar nicht bemerken, während ein Kind mit drei Jahren jede Veränderung genau registriert. Wenn Sie gut dichthalten und nur ausge-

wählten Dritten von der Schwangerschaft erzählen, können Sie eine ganze Weile warten, bis Sie Ihr Kind einweihen. Es sollte nur nie das Gefühl bekommen, dass über seinen Kopf hinweg über etwas gesprochen wird, das so von Anfang an negativ besetzt wäre.

Wenn Sie vor Freude schier platzen und schon Verwandte, Freunde und Kollegen informiert haben, gebietet der Respekt vor Ihrem Kind, dass es ebenfalls Bescheid bekommt. Sie sollten es auch einweihen, wenn es von sich aus Veränderungen anspricht oder die Schwangerschaft bei Ihnen zu einem Verhalten führt, das dem Kind sonderbar vorkommen oder sogar die Angst wecken könnte, Sie wären krank.

Kindern ab etwa drei Jahren kann man helfen, die Monate bis zur Geburt zu überblicken, indem man den Termin in einen Kalender einträgt und beispielsweise dazu erklärt: »Jetzt kommt erst Weihnachten, dann hat Papa Geburtstag, dann ist Ostern und wir fahren noch ein bisschen auf den Bauernhof, und wenn es richtig warm wird, kommt schon bald unser Baby.«

> **Auf keinen Fall sollte Ihr Kind über Dritte erfahren, dass es ein Geschwisterchen bekommt!**

**Wenn Ihr Kind mit Zurückhaltung auf die Nachricht vom Geschwisterchen reagiert, so ist das ganz normal. Erwarten Sie also keine Begeisterungsstürme!**

Älteren Kindern oder Jugendlichen überbringen am besten beide Eltern gemeinsam in einer angenehmen Gesprächsatmosphäre die (hoffentlich auch für sie) frohe Botschaft. Man kann durch eine Ankündigung wie: »Es gibt einen Grund zu feiern – und deshalb heute Abend ein besonders gutes Essen« klar machen, dass jetzt etwas Besonderes kommt.

Bei Kleinkindern würde ich der Mitteilung nicht dieses Gewicht verleihen. Hier kann auch die Mutter allein in einem passenden Moment dem Kind erzählen, dass sie schwanger ist. Wenn dagegen der Vater das unter vier Augen erledigen würde, könnte beim Kind von Anfang an der negative Eindruck entstehen, dass die Mutter ein schlechtes Gewissen hat.

## DER RICHTIGE MOMENT

**Warten Sie eine passende Gelegenheit ab, um Ihrem Kind zu sagen, dass Sie schwanger sind: zum Beispiel beim Kuscheln auf dem Sofa oder bei einem Bad zu zweit. Dann ist eine körperliche Nähe vorhanden, und Sie können Ihre Mitteilung gleich anschaulich verpacken: »Schau mal her, mein Bauch ist dicker geworden. Was meinst du, was da wohl drin ist?«**

## Nicht zu viel erklären!

Nehmen Sie eine eher abwartende Haltung ein, was Ihr Kind aus der Mitteilung macht, und zwingen Sie es nicht ständig zu Kundgebungen von Freude (»Ist das nicht toll, dass wir ein Baby bekommen?!«). Viele Kinder reagieren von sich aus eher zurückhaltend. Eigentlich nicht erstaunlich, weil ein (Noch-)Einzelkind ja wenig Vorstellung davon haben kann, wie das Leben mit einem Baby in der Familie sein wird. Zur Entstehung des Babys reicht bei Kindern bis zu drei Jahren meist die Erklärung: »Es wächst in meinem Bauch«, während Ältere dann oft fragen, wie es dort hineingekommen ist. Geben Sie einfache Antworten, und achten Sie darauf, wann Ihr Kind zufrieden ist. Sie müssen nicht mehr erklären, als es wissen will.

Sie sollten kein allzu großes Tamtam um den bevorstehenden Nachwuchs machen, sondern die Geburt zwar als ein freudiges Ereignis, aber auch als etwas Normales hinstellen. Je höher Sie die Erwartungen Ihres Erstgeborenen schrauben, desto größer wird seine Enttäuschung sein, wenn es merkt, dass der Nachwuchs auch Nachteile mit sich bringt. Vor allem wenn sich das Ältere ausdrücklich ein Geschwister gewünscht hat, wird es vielleicht übertrieben große Erwartungen haben. Es kann dann nicht schaden, seine Vorstellung von einem Baby hin und wieder ein wenig zu korrigieren und auch von den Einschränkungen zu sprechen.

Reagiert ein Kind sehr ablehnend, müssen Sie herausfinden, woher die negativen Erwartungen kommen. Vielleicht hat ja der Freund gerade ein Geschwister bekommen und lädt seinen Frust und seine Eifersucht bei seinen Spielkameraden ab. Oder Ihr Kind hat eine kleine Bemerkung von Ihnen, die es zufällig aufgeschnappt hat, falsch verstanden. Kinder interpretieren kleine Ereignisse, Verhaltensweisen und nebenbei gefallene Bemerkungen oft in einer Weise, die wir nicht erwarten. Nur wenn wir ihnen ganz genau zuhören, bekommen wir Zugang zu ihrer Gedankenwelt und können ihnen helfen, mit ihren berechtigten oder unberechtigten Ängsten umzugehen.

Auch hier gilt wieder: Stülpen Sie Ihrem Kind nicht die eigenen Gefühle und Bedenken über. Was ich damit meine, illustriert das folgende Beispiel: Eine meiner Freundinnen machte sich schon zu Beginn der Schwangerschaft Sorgen, wie sie ihrer Tochter beibringen könnte, dass sie bald nicht mehr wie gewohnt mit ihr herumtoben kann und nicht mehr so belastbar ist. Bis ihr die Vierjährige eines Tages mit folgender Bemerkung alle Sorgen nahm: »Du darfst mich jetzt nicht mehr herumtragen, das ist nicht gut für unser Baby. Ich werd dir jetzt auch öfter helfen.«

Unsere Tochter hat sich über die Mitteilung, dass ein Baby unterwegs ist, sehr gefreut, war aber enttäuscht, als sie erfuhr, dass es ein Junge wird. Wir sagten ihr, dass wir ihren Wunsch nach einer Schwester verstehen, dass man Babys aber nicht bestellen kann und dass jedes Kind ein Geschenk ist. Später ärgerte sie sich, dass der von ihr vorgeschlagene Name Sebastian nicht zum Zuge kam. Zum Ausgleich bekam sie dann zur Geburt ihren eigenen Sebastian, eine Babypuppe.

**Bei manchen Kindern äußert sich Eifersucht auch schon in Aggression gegenüber der schwangeren Mutter.**

## Die Schwangerschaft gemeinsam erleben

Schon während der Schwangerschaft können Sie Ihr Kind an allen Vorbereitungen teilnehmen lassen: Sortieren Sie gemeinsam Babywäsche, sagen Sie ihm, dass es diese Sachen selbst einmal getragen hat, und zeigen Sie ihm bei passender Gelegenheit Fotos aus seiner eigenen Babyzeit.

Nehmen Sie Ihr Kind einmal mit in das Kranken- oder Geburtshaus, in dem Sie entbinden möchten. Zeigen Sie ihm den Ort, an dem es selbst zur Welt gekommen ist.

Auch ein Besuch bei Freunden mit einem Baby oder ein Blick in Kinderwägen beim Spaziergang kann ein Kind mit der Realität vertraut machen und bietet eine gute Gelegenheit, sozusagen am lebenden Objekt zu erklären, dass ein Säugling viel Aufmerksamkeit fordert und sehr hilfsbedürftig ist.

Wenn Ihr Bauch dann wächst, möchte Ihr Kind ihn anfassen, ein Ohr daran legen und lauschen. Lassen Sie es von Anfang an mit dem Baby sprechen, das ist der beste Start für eine gute Geschwisterbeziehung. Wenn Sie das Geschlecht des Babys bereits wissen und viel leicht sogar schon einen Namen oder vorläufigen »Arbeitstitel« gefunden haben, sollten Sie diesen verwenden und so Ihrem Kind ermöglichen, eine Beziehung zu dem Ungeborenen aufzubauen.

Es gibt auch verschiedene Bilderbücher zum Thema Geschwister, von denen Sie einige bereithalten können. Aber auch hier gilt: Drängen Sie dem Kind

Auf keinen Fall sollten Sie Ihr Kind schon während der Schwangerschaft ständig mit dem Baby »nerven«.

Bereits während der Schwangerschaft kann Ihr Kind eine Beziehung zu seinem Geschwister aufbauen

nicht dauernd Gespräche über das Baby auf, reagieren Sie eher auf Fragen, Bedenken und Bedürfnisse, die von ihm selbst geäußert werden. Besonders wenn Ihr Kind noch sehr klein ist, sollten beide Eltern ihm jetzt (sozusagen auf Vorrat) verstärkt körperliche Zuwendung schenken. Wenn Sie es wegen der Schwangerschaft nicht mehr wie gewohnt auf den Arm nehmen können, setzen Sie es auf Ihren Schoß. Gegen Ende der Schwangerschaft kann es auf dem Stillkissen neben Ihnen Platz nehmen und sich an Ihren Bauch kuscheln.

## Geburtsvorbereitung für die ganze Familie

Sprechen Sie alle Vorbereitungen für die Geburt mit Ihrem Kind durch. Vielleicht kann es selbst einen Wunsch äußern, bei wem es bleiben oder wer zu seiner Betreuung in Ihre Wohnung kommen soll, wenn Sie in die Klinik oder ins Geburtshaus aufbrechen. Ihr Kind sollte nicht nur wissen, was mit ihm selbst in dieser Zeit geschieht, sondern auch erklärt bekommen, dass eine Geburt ein ganz normaler Vorgang im Leben und in der Regel kein Notfall ist. Allein die Tatsache, dass man zur Geburt in ein Krankenhaus geht, kann von einem Kind leicht falsch verstanden werden. Mögliche unvorhersehbare Entwicklungen sollten dem Kind aber einfach und doch der Wahrheit entsprechend erklärt werden.

Familien, die eine Hausgeburt planen, müssen entscheiden, ob das Ältere zur Betreuung weggebracht wird oder zu Hause bleibt. Es ist in unserer Kultur sicher nicht sehr verbreitet, Kinder an der Geburt eines Geschwisterchens teilhaben zu lassen, aber trotzdem entscheiden sich immer wieder Familien dafür und berichten hinterher über positive Erfahrungen. Zuallererst sollte sich allerdings die Mutter darüber klar werden, ob sie es nicht als zusätzliche Belastung empfindet, wenn ihr Kind bei der Geburt dabei ist. In Krankenhäusern haben Kinder normalerweise keinen Zutritt zur Geburtsstation. Falls Sie und Ihr Kind den Wunsch haben sollten, die Geburt gemeinsam zu erleben, sind Hausgeburtshebammen oder die Hebammen in einem Geburtshaus

> **Sollte die Mutter eine Fehlgeburt haben, ist es besser, dem Kind in einfachen Worten die Wahrheit zu sagen, als etwas düster Geheimnisvolles daraus zu machen.**

die richtigen Ansprechpartnerinnen. Zusätzlich zu Ihrem Partner oder jemand anderem, der bei der Geburt assistiert, muss dann noch eine Person anwesend sein, die sich voll und ganz dem Kind widmet.

Wenn Sie im Geburtshaus oder Krankenhaus ambulant entbinden, ist die Trennung für Ihr Kind nur kurz. Beantragen Sie rechtzeitig bei der Kasse die Kostenübernahme für eine Haushaltshilfe für die Tage nach der Geburt, um die Sie in der Regel selbst bei den entsprechenden Organisationen nachfragen müssen (Adressen bekommen Sie bei Ihrer Krankenkasse). Die meisten Krankenkassen bezahlen übrigens auch ein geringes Honorar, wenn eine Freundin einspringt.

Die Zeit nach der Geburt muss auf jeden Fall gut organisiert werden, und der Vater sollte möglichst viel Zeit zu Hause verbringen, um sich verstärkt um das ältere Kind kümmern zu können. Nehmen Sie jedes auch noch so ungewöhnliche Hilfsangebot an! Eine meiner Freundinnen brachte uns zum Beispiel in den Tagen nach der Geburt eine fertig gekochte Mahlzeit vorbei.

Wenn Sie nach der Entbindung noch ein paar Tage im Krankenhaus verbringen wollen, weil Sie sich so besser von den Strapazen erholen können, sollte Ihr Älteres (vorausgesetzt, es ist gesund) jeden Tag Gelegenheit bekommen, Sie und das Baby für mindestens eine Stunde zu besuchen.

## Die Gewöhnung an das Geschwisterchen

In den Tagen oder Wochen nach der Geburt des Babys herrscht erst mal Ausnahmezustand. Doch irgendwann müssen Sie zum Alltag zurückfinden – und zwar zu einem ganz neuen Alltag, mit dem sich alle vier Familienmitglieder wohlfühlen.

### Das Erstgeborene einbinden

»Psst, der Kleine schläft!«, »Vorsicht, nicht so fest drücken!«: Ach ja, man darf so vieles nicht, seit das Baby da ist! Warum eigentlich? Bevor wir die Lebendigkeit unseres Älteren ständig beschneiden und ihm den Spaß am Geschwisterchen gründlich verderben, sollten wir uns immer fra-

**Wenn sich nach der Geburt Besuch von Verwandten oder Freunden ankündigt: Ein kleiner Hinweis vorab am Telefon, dass auch das ältere Kind sich über Beachtung und ein kleines Geschenk freut, kann vor allem bei Leuten ohne Kinder nicht schaden.**

gen, ob die Ermahnung wirklich nötig ist. Packen Sie Ihr Baby nicht in Watte! Manche Zweitgeborene schlafen besser im größten Trubel als im abgedunkelten Schlafzimmer. Und die Freude der meisten Babys, wenn das ältere Geschwister aus dem Kindergarten nach Hause kommt, zeigt, dass die manchmal etwas zu herzhafte Behandlung gar nicht übel genommen wird.

Beziehen Sie von Anfang an das ältere Kind in alle Verrichtungen, die das Baby betreffen, mit ein. Je nach Alter können Sie es mit auf den Wickeltisch setzen, wo es Ihnen dann einfach nur zusehen oder auch die Tücher zum Säubern, die Creme und eine frische Windel reichen darf. Einem älteren Kind können Sie jeden Handgriff genau zeigen und eine kurze Erklärung dazu geben. Sie könnten das Baby beispielsweise festhalten, während es versucht, die Windel zu schließen. Vermeiden Sie dabei Bemerkungen wie »Nein, so ist es falsch! Sieh mal her, wie ich es mache!«, um es nicht zu frustrieren und ihm den Spaß zu verderben. Formulieren Sie lieber positiv: »Die Windel sollte vielleicht

noch ein bisschen enger sitzen.« Akzeptieren Sie, wenn Ihr Älteres keine Lust hat mitzumachen und sich lieber seinen Spielsachen zuwendet. Das ist ein gutes Zeichen, es hat offensichtlich wieder ein wenig seine alte Sicherheit zurückgewonnen.

Auch das Baden kann gemeinsam gestaltet werden. Am meisten Spaß wird das größere Kind haben, wenn Mutter oder Vater zusammen mit beiden Kindern in die Badewanne gehen.

Wickeln Sie das Baby danach in ein großes angewärmtes Handtuch, und legen Sie es in eine neben der Wanne bereitgestellte Babywippe. Jetzt können Sie (wenn das Baby mitspielt und nicht zu schreien beginnt) noch ein wenig mit Ihrem Älteren weiterplanschen. Viele Situationen, die anfangs fast unlösbar erscheinen, können mit ein wenig Improvisationstalent zur Zufriedenheit aller gelöst werden.

Wenn Ihr Kind das Baby halten möchte, setzen Sie es auf die Couch oder einen großen Sessel, so dass es sich gut anlehnen kann. Wenn es noch zu klein ist, das Köpfchen zu

**Wenn Ihr Erstgeborenes schon größer ist, wird es beim Spaziergang ganz stolz den Kinderwagen schieben. Kleinere Kinder können das eigene »Baby« im Puppenwagen ausführen. Ist das Ältere noch sehr klein, empfiehlt sich die Anschaffung eines Doppelkinderwagens.**

**Viele Erstgeborene entwickeln schon nach kurzer Zeit großes Verantwortungsbewusstsein für das kleinere Geschwister.**

halten, können Sie ein Kissen unterlegen. Sie können auch mit einem Stillkissen auf dem Schoß des Älteren eine Art Nest bauen, in dem das Baby gut liegt, ohne dass das Ältere es zu fest halten muss. Bei kleinen Kindern sollten Sie sich daneben setzen, denn wenn es ihnen langweilig wird, schieben sie das Baby manchmal recht abrupt zur Seite und springen einfach auf.

Sicher wird Ihr Kind sein Geschwister irgendwann herumtragen wollen. Ab etwa vier Jahren kann es das Baby im Zimmer vom Papa zur Mama tragen. Ermahnungen wie »Lass sie bloß nicht fallen!« sind problematisch, denn Ihr Kind muss sich dann überlegen, wie man das wohl macht, ein Baby

**Beziehen Sie das ältere Kind von Anfang an mit ein!**

nicht fallen zu lassen. Eine Formulierung wie »Halt ihn mit beiden Armen und drück ihn ein bisschen an deinen Körper!« ist da schon weit hilfreicher.

Während wir Erstgeborene anfangs wie rohe Eier behandeln, stellt sich beim Zweiten ganz von selbst die Einsicht ein, dass Babys robuster sind, als man denkt. Ich weiß noch, wie entsetzt ich war, als eine Freundin das Baby von ihrer Vierjährigen die Treppe hinauftragen ließ. Die Große war dabei so konzentriert und vorsichtig, dass die Mutter ihre Fähigkeiten offensichtlich ganz richtig eingeschätzt hatte. Trotzdem sollte man natürlich darauf achten, dass sich das Ältere im wörtlichen wie übertragenen Sinn nicht »überhebt«.

## Für das Baby »dolmetschen«

Erklären Sie von Anfang an dem Älteren die Verhaltensweisen des Babys. Oft wird es auch von sich aus fragen, warum das Baby beispielsweise gerade schreit. Auch wenn Sie nur eine Antwort wie »Es fühlt sich nicht wohl, aber ich weiß selbst nicht, ob es Hunger hat oder ihm vielleicht der Bauch wehtut« parat haben, kann das Ältere doch mit der Zeit die Situation viel besser einschätzen.

Kinder sind anfangs durch Babygeschrei sehr beunruhigt oder genervt, und man muss ihnen erklären, dass Schreien und Weinen eben die einzigen Möglichkeiten eines Babys sind, Unwohlsein auszudrücken. Machen Sie Ihr Kind immer wieder auf den Gesichtsausdruck des Babys aufmerksam, und zeigen Sie ihm, dass es daraus lesen kann, wie es dem Baby gerade geht.

Benutzen Sie in Ihrer Familie von Anfang an den Namen des Kleinen, um dem Größeren zu zeigen, dass sein Bruder oder seine Schwester schon eine vollwertige Person ist. Da Babys sich so anders verhalten, als Kinder es von ihren Altersgenossen gewöhnt sind, werden sie oft als eine Art Puppe angesehen und fordern auch die Experimentierlust der Kinder heraus.

Als unser Jüngster gerade ein halbes Jahr alt war, spielte meine Tochter mit ihm auf dem Boden, während ich beschäftigt war. Auf einmal rief sie: »Schau, Mama, wie er lacht!« Als ich hinsah, traf mich beinahe der Schlag: Der Kleine lag auf dem Rücken, und meine Tochter stand mit beiden Füßen auf seinem Brustkorb. Er lachte tatsächlich und fing erst zu weinen an, als ich vor Schreck losbrüllte. Leider ist es mir in dieser Situation nicht gelungen, gelassen zu reagieren, obwohl die Tatsache, dass mein Sohn nicht schrie, mir eigentlich hätte zeigen

> Da Babys ihre Gefühle noch nicht mit Worten ausdrücken können, müssen Sie zwischen den Geschwistern vermitteln, bis Ihr Erstgeborenes gelernt hat, sein Geschwisterchen auch ohne Worte zu verstehen.

### KONTROLLE IST GUT – VERTRAUEN AUCH

Auch wenn wir unser Baby beschützen wollen und müssen, sollten wir uns immer wieder die Frage stellen: Habe ich genug Vertrauen in die Fähigkeiten meines Erstgeborenen? Ältere Kinder können meist selbst beurteilen, was sie sich im Umgang mit dem Baby zutrauen können und was nicht. Aber auch sehr kleine große Geschwister gehen bei aller Tollpatschigkeit doch grundsätzlich zärtlich mit einem Baby um, weil sie das Verhalten der Eltern nachahmen.

sollen, dass ihm nichts wehtat. In unserem Fall brachte ein Laufstall die Lösung: Der Kleine bekam sozusagen seinen eigenen geschützten »Raum«, und unsere Tochter konnte ihrerseits wieder entspannt daneben auf dem Teppich spielen, ohne ständig den Drang zu verspüren, sich mit dem Kleinen beschäftigen zu müssen.

### Stillen zu dritt

Für viele Erstgeborene ist das Stillen eine schwierige Situation: Mama wendet sich ganz dem Kleinen zu und stellt ihm sogar noch ihre Brust zur Verfügung. Wenn sie sich dazu auch noch ins Schlafzimmer zurückzieht, habe ich ja gar keine Kontrolle mehr darüber, was die zwei da eigentlich treiben. Da gibt's nur eines: Möglichst lautstark stören, Unfug treiben, dann ist es gleich vorbei mit der Gemütlichkeit der beiden.

Je größer die Störversuche Ihres Erstgeborenen beim Stillen sind, desto größer ist auch seine Verlustangst und Verletztheit. Ich weiß aus eigener Erfahrung, wie hilflos man dem »schlechten Benehmen« des Älteren ausgeliefert ist, wenn man

**Viele kleine Mädchen (und manchmal auch kleine Jungen) kommen auf die Idee, sich neben die stillende Mama zu setzen und ihre Puppe an die Brust zu legen.**

gerade stillt und dem Baby dabei die nötige Ruhe und Aufmerksamkeit zukommen lassen will.

Akzeptieren Sie, dass Sie nur noch gemütlich stillen können, wenn Ihr Älteres gerade schläft, im Kindergarten ist oder mit Papa etwas unternimmt. Machen Sie deshalb das Beste aus der Situation, und beziehen Sie Ihr Erstgeborenes mit ein. Es kann sich neben Sie kuscheln (auf die Seite, die beim Stillen gerade nicht dran ist), und Sie können ihm jedes Mal ein Buch vorlesen, damit es mit dem Stillen ebenfalls etwas Positives verbindet. Ein Stillkissen leistet dabei sehr gute Dienste, denn Sie können es so drapieren, dass Sie das Buch darauf legen können. Kleine Babys lassen sich beim Trinken meist nicht stören durch das Vorlesen. Und wenn sie sich mit zunehmendem Alter leichter ablenken lassen, möchte Ihr Älteres wahrscheinlich schon gar nicht mehr dabeisitzen. Wenn es mit dem Vorlesen nicht klappt, können Sie es auch mit einer ruhigen Kinderkassette versuchen. Meine Tochter holte sich manchmal ihre Babypuppe, um ebenfalls zu »stillen«.

Über kurz oder lang wollen die meisten Großen mal an der Brust probieren. Dabei geht es nicht nur darum, wie Muttermilch schmeckt, sondern auch um die Erfahrung, sich wie das Baby die Mutter noch einmal körperlich einzuverleiben. Wenn Sie das zulassen können, wird unter Umständen eine ganz tiefe Sehnsucht Ihres Kindes »gestillt«, und damit ist der Wunsch meist schnell abgehakt. Wenn Ihnen der Gedanke, dass Ihr Großes an Ihrer Brust nuckelt, sehr widerstrebt, können Sie ihm etwas abgepumpte Muttermilch anbieten. Den meisten Kindern schmeckt Muttermilch nicht, aber es ist ganz wichtig, dass sie das selbst feststellen dürfen.

## Eifersucht und Aggressionen annehmen

Erschrecken Sie nicht: Irgendwann wird Ihr Älteres einmal vorschlagen, wie man das Baby am besten loswerden könnte. Reagieren Sie dann nicht entsetzt, sondern mit einer ruhigen Bemerkung (»Ich wäre aber sehr traurig, wenn jemand Hanna oder dich in die Mülltonne legen würde.«), und suchen Sie in einer ruhigen Situation wie beim Zubettgehen das Gespräch mit Ihrem Kind, indem Sie zum Beispiel sagen: »Manchmal können einem Babys ganz schön auf die Nerven gehen, oder?« Lassen Sie Ihr Kind sein Herz ausschütten, bewerten Sie seine Aussagen nicht, und erwähnen Sie, wie gern Sie es haben.

Und wenn Ihr Großes seinem kleinen Geschwister tatsächlich einmal wehtut? Grundsätzlich gilt: In der Situation möglichst ruhig bleiben und kein großes Theater veranstalten, das dem Kind vermittelt, dass sein schlechtes Betragen große Aufmerksamkeit einträgt. Wenden Sie Ihre Aufmerksamkeit zuerst ganz dem Baby zu. Verzichten Sie dabei auf herabsetzende Bemerkungen wie: »Du armer kleiner Spatz, was hat dieser Grobian nur wieder mit dir angestellt!« Nachdem Sie das Baby getröstet haben, sollten Sie sich dem Großen zuwenden und das Gespräch mit ihm suchen. Schaffen Sie einen körperlichen Bezug zu ihm, indem Sie es auf den Schoß nehmen und ihm in die Augen sehen! Sagen Sie ihm ganz deutlich, dass Sie keine Über-

> **Wie oft haben Sie schon in der Zeitung gelesen, dass ein Baby durch sein Geschwister Schaden genommen hat??? Na also!**

griffe mehr dulden werden (»Ich möchte nicht, dass du Hanna noch einmal wehtust!«).

Strafen sind in so einem Fall kontraproduktiv. Denn jede Bestrafung von Verhalten, dem Eifersucht zugrunde liegt, bewirkt das Gegenteil von dem, was wir wollen. Das Kind, das sich ohnehin vernachlässigt fühlt, spürt erneut Zurückweisung und lernt gleichzeitig, dass es sich auf diese Weise Aufmerksamkeit verschaffen kann, wenn diese auch nur in Schimpfen und Strafe besteht. So entsteht ein Teufelskreis aus unerwünschtem Handeln durch das Kind und Bestrafung durch die Eltern. Aggressives Verhalten zeigt immer, dass wir Eltern aufgefordert sind, unserem Älteren zu zeigen, dass es genauso wie das Baby geliebt wird.

## Die Beziehung zum Erstgeborenen erneuern

Für Kinder, die schon sehr jung ein Geschwister bekommen, wird das körperliche Band zur Mutter schmerzhaft abgerissen. Dieser Verlustschmerz kann durch verstärkte Zuwendung von Seiten anderer Bezugspersonen, wie des Vaters oder der Großeltern, abgemildert werden. Sobald Sie als Mutter nicht mehr voll und ganz von Ihrem Baby in Anspruch genommen sind, sollten Sie sich um eine »Erneuerung« der Beziehung zu Ihrem Erstgeborenen bemühen, indem Sie ihm wieder verstärkt körperliche Zuwendung geben. Dazu gehört auch, dass Sie dem Kind Ihr Herz ganz bewusst wieder zuwenden. Ihr Kind braucht die Sicherheit, dass Sie es genauso lieben wie vor der Geburt des Babys und dass es eben nicht auf die Hälfte Ihrer Zuneigung verzichten muss.

## Freiräume schaffen

Möglichst bald nach der Geburt des Jüngeren sollten beide Elternteile versuchen, jeden Tag ein wenig Zeit nur mit dem großen Kind zu verbringen. Am besten wäre eine feste Zeit zu zweit, was im Alltag jedoch schwer zu verwirklichen ist. Nehmen Sie sich dafür nicht zu viel vor! Wenn Sie sich jeden Tag nur eine Viertelstunde ausschließlich Ihrem Erstgeborenen widmen, ist schon eine ganze Menge gewonnen.

**Jedes Mal wenn Sie sich ausschließlich Ihrem Großen widmen, sollten Sie etwas sagen wie: »Jetzt spielen nur wir beide miteinander, du und ich.«**

Nehmen Sie die Vorschläge Ihres Kindes auf, was es tun möchte: gemeinsam ein Buch lesen, ein Spiel spielen oder einfach nur kuscheln.

Bei aller Sorge um das Ältere sollten wir auch das Baby nicht vergessen. Versuchen Sie in Zeiten, in denen das Ältere nicht da ist, einmal über das Tohuwabohu im Haushalt hinwegzusehen und sich ganz intensiv Ihrem Jüngsten zu widmen.

Wenn uns alles über den Kopf wächst, ist es dringend nötig, dass wir für uns selbst einen Freiraum schaffen. Also: Für kurze Zeit alle Grundsätze über Bord werfen, das Baby in die Babywippe schnallen, dem älteren Kind einen Kinderfilm einlegen und dann die Beine hochlegen. Wenn es ganz schlimm ist und Sie Ihre beiden Racker am liebsten »an die Wand werfen« würden, sie aber nicht an jemand anderen abgeben können, sollten Sie sich trotz Geschrei für kurze Zeit auf den Balkon oder ins Bad zurückziehen, um für ein paar Minuten tief durchzuatmen und anschließend ein Stück gelassener wieder auf die Kinder zugehen.

### Fazit

Die Geburt eines zweiten Kindes bringt Veränderungen für die ganze Familie. Die Eltern müssen sich darauf einstellen, dass die Organisation des Alltags schwieriger wird und sie ihre Partnerschaft noch bewusster pflegen müssen. Die Umstellung vom Einzelkind zum älteren Geschwister führt beim Erstgeborenen zu Eifersuchts- und Rivalitätsgefühlen.

### Tipps für die Praxis

➤ Bereiten Sie Ihr Erstgeborenes auf die Geburt des Babys vor: Lassen Sie es an Mamas Bauch horchen, sortieren Sie gemeinsam Babywäsche, und besuchen Sie mit ihm die Geburtsklinik. Schrauben Sie die Erwartungen aber nicht zu hoch, um Enttäuschungen vorzubeugen!

➤ Helfen Sie Ihrem großen Kind, das Geschwisterchen anzunehmen: Binden Sie es aktiv in die Babypflege ein, lesen Sie ihm während des Stillens ein Buch vor und, vor allem, lassen Sie ihm regelmäßig Ihre ausschließliche Aufmerksamkeit zukommen.

> **Wenn man im Umgang mit Kindern nicht mehr weiterweiß, bewährt es sich immer, kurz aus der Situation zu gehen, um wieder gelassener zu werden.**

# Erziehung zur Solidarität

**Wenn unsere Kinder noch als Erwachsene freundschaftlich verbunden sind, haben wir Eltern viel erreicht.**

Fragt man Eltern mit nur einem Kind nach ihrem obersten Erziehungsziel, so lautet die Antwort oft: ein gesundes Selbstbewusstsein. Oder sogar: Durchsetzungsvermögen, damit der Sprössling sich im Sandkasten oder im Kindergarten nicht unterbuttern lässt. Mit der Geburt des zweiten Kindes verschiebt sich in der Regel die Perspektive. Nun stehen bei der Erziehung auf einmal ganz andere Tugenden im Vordergrund: Toleranz gegenüber dem Geschwister, Fürsorge füreinander, Rücksicht aufeinander.

Natürlich haben wir nur einen begrenzten Einfluss auf die Beziehung unserer Kinder und können ihnen Geschwisterliebe nicht verordnen. Aber wir können ihnen einen liebevollen Umgang vorleben und ihr Miteinander so lenken, dass das niedriger gesteckte Ziel der Geschwistersolidarität erreicht wird.

## Erziehungskonzepte abgleichen

Viele Konflikte zwischen Eltern entstehen dadurch, dass sie unterschiedliche (oft von den eigenen Eltern übernommene) Erziehungs- und Lebensideale haben. Vielleicht war der Vater ja der Jüngste in seiner Familie und ergreift immer Partei für den Kleinen gegenüber der älteren Schwester. Und die Mutter ist der Meinung, dass Mädchen im Leben sowieso immer den Kürzeren ziehen, und will vor allem das Selbstbewusstsein ihrer Tochter stärken.

Indem wir uns solche Zusammenhänge mit unseren eigenen Erfahrungen als Kind klar machen, können wir unser Erziehungsverhalten objektiver beurteilen. Jedes Elternpaar sollte also spätestens beim Auftauchen der ersten Geschwisterkonflikte über seine unterschiedlichen Erziehungsvorstellungen sprechen und sich auf eine gemeinsame Linie einigen.

## Solidarität fördern, Abgrenzung zulassen

Jedes Geschwisterverhältnis bewegt sich zwischen den Polen Liebe, Solidarität und Identifikation auf der einen Seite und Konkurrenz, Rivalität und Abgrenzung auf der

**Eltern dürfen auch vor den Kindern hin und wieder zugeben, dass sie unterschiedlicher Meinung sind. Nur sollten Entscheidungen des Partners nicht vor den Kindern kritisiert werden.**

anderen. Deshalb müssen wir in der Erziehung unserer Kinder auch bei dem Raum geben.

## Einen liebevollen Umgang vorleben

Der Geist, der in einer Partnerschaft und im Verhältnis der Erwachsenen zu den Kindern herrscht, bestimmt auch ganz entscheidend den Umgang der Kinder untereinander. Von wem sollten unsere Kinder Respekt, Vertrauen, Rücksichtnahme und Hilfsbereitschaft lernen, wenn nicht von uns? Wenn die Eltern sich und den Kindern Vertrauen und Achtung entgegenbringen, werden auch die Kinder fair miteinander umgehen, wenn auch manchmal etwas ruppiger, als wir Erwachsene es gewohnt sind.

So wie Sie selbst jedem Familienmitglied Verständnis und Respekt entgegenbringen, können Sie dasselbe auch von allen Kindern fordern. Jedes Familienmitglied sollte begrüßt und verabschiedet werden und von allen reihum abends seinen Gutenachtkuss bekommen. Auch kleine Bemerkungen wie »Wir sind doch eine Familie und halten zusammen« oder »Ihr zwei seid ein gutes Team« stärken den Gemeinschaftssinn Ihrer Kinder. Wecken Sie bei Ihren Kindern Interesse für die Erfolge des anderen! Sie könnten beispielsweise für alle ein Eis ausgeben, wenn der Große eine besonders gute Schulnote nach Hause gebracht hat.

## Das Zusammengehörigkeitsgefühl stärken

Regelmäßige gemeinsame Unternehmungen mit der Familie stärken das Zusammengehörigkeitsgefühl. Wenn es schwierig ist, einen gemeinsamen Nenner zu finden, wird eben abgewechselt: Einen Sonntag geht es auf Wunsch des Größeren ins Kindermuseum, der Zoobesuch am darauffolgenden Sonntag ist dem Einjährigen gewidmet, und am dritten Sonntag wird Mama und Papa zuliebe eine kleine Bergtour gemacht.

Achten Sie darauf, dass möglichst viele Mahlzeiten gemeinsam eingenommen werden und dass erst mit dem Essen begonnen wird, wenn alle am Tisch sitzen und sich »Guten Appetit!« gewünscht haben.

**Wenn der Umgang zwischen unseren Kindern rüde ist, müssen wir Eltern uns zuerst an die eigene Nase fassen.**

Führen Sie ein Gutenachtritual ein, das beide Kinder einbindet. Nach dem gemeinsamen Umziehen und Zähneputzen darf immer abwechselnd an einem Abend das Jüngere und am nächsten Abend das Ältere ein Buch zum Vorlesen auswählen.

## Solidarisches Verhalten anerkennen

Man sollte Kinder zwar nicht ständig loben, da sie sonst bestimmte Dinge nur tun, um sich ein Lob einzuheimsen. Gerade für solidarisches Verhalten ist aber hin und wieder durchaus ein Lob angebracht. Verderben Sie das Lob nicht durch einen Bezug auf vorangegangenes schlechtes Verhalten! Sagen Sie also nicht: »Toll, dass ihr ausnahmsweise mal friedlich miteinander spielt!«, sondern: »Wie schön, dass ihr heute so viel Spaß miteinander habt!« Ältere Kinder verdienen ein Lob, wenn sie sich in besonderer Weise um das jüngere Geschwister gekümmert haben. Vergessen Sie aber nicht, Ihrem Kind immer wieder einmal zu sagen, dass es auch ohne diese Leistungen geliebt wird.

## Teilen will gelernt sein

Das Prinzip »Wer nicht kommt zur rechten Zeit, der muss seh'n, was übrig bleibt« sollte in einer Familie nicht gelten. Wenn also nachmittags Kuchen gegessen wird, warum nicht dem Geschwister, das noch bei der Flötenstunde ist, ein Stück aufheben? So werden immer auch die gerade abwesenden Familienmitglieder bedacht.

Wenn eines der Kinder Süßigkeiten geschenkt bekommt, darf es sie entweder allein für sich im stillen Kämmerchen verzehren oder muss seinem Geschwister etwas abgeben. Die meisten Kinder entscheiden sich fürs Teilen.

Ermuntern Sie Ihre Kinder, ihrem Geschwister (und auch den Eltern) zum Geburtstag ein Bild zu malen, etwas zu basteln oder ein anderes kleines Geschenk zu machen. Lassen Sie Bruder oder Schwester an den Vorbereitungen für das Geburtstagskind teilnehmen. Sie werden stolz sein, ein Geheimnis mit Ihnen zu haben.

Zu Weihnachten (aber natürlich nicht am Geburtstag eines Kindes!) kann es neben den Geschenken für

**In vielen Dritte-Welt-Ländern übernehmen ältere Geschwister noch heute einen Großteil der Betreuung und Versorgung der Jüngeren.**

jedes Kind ruhig auch einmal ein Gemeinschaftsgeschenk geben. Wenn Sie einen Adventskalender mit kleinen Päckchen basteln, könnten daran abwechselnd einmal für das eine, einmal für das andere Kind Kleinigkeiten hängen – und hin und wieder auch ein Gemeinschaftsgeschenk. Geteilte Freude ist doppelte Freude.

Eine heikle Frage ist das Vererben von Spielsachen, die dem Älteren gehören. Am besten lässt man gar keine Diskussion darüber aufkommen, dass Spielsachen im allgemeinen weitervererbt werden müssen, und betont dabei immer, dass das Ältere

ja dafür den Vorteil hat, die meisten Dinge neu zu bekommen. Man kann aber ein Kind mitreden lassen, wann es sich von seinen Sachen trennen möchte. Wenn Kinder sich für ein Spielzeug zu alt fühlen, werden sie es gerne an das jüngere Geschwister weiterreichen. Einige wenige Lieblingsdinge können natürlich behalten werden.

## Für klare Besitzverhältnisse sorgen

Alle Kinder in einer Familie sollten genau wissen, welche Dinge allen gemeinsam und welche nur ihm selbst, dem Geschwister oder den Eltern gehören. Schaffen Sie Spielzeug an, das für verschiedene

**Gemeinsames Spielzeug fördert das Miteinander**

Altersstufen geeignet ist und zwei oder mehr Mitspieler verträgt und deswegen Allgemeingut in der Familie ist! Die Lego-Kiste, die Brio-Eisenbahn, das Kasperletheater, Memory- und Kartenspiele bergen eine große integrative Kraft.

Auch Spielsachen und Freizeitgeräte, die jeweils nur ein Kind benutzen kann, wie ein Bobbycar oder die Stelzen für den Garten, können allen zusammen gehören. Wenn es Streit gibt, muss eine klare Regel eingeführt werden. Zum Beispiel: »Jeder darf eine Viertelstunde, dann wird gewechselt.« Machen Sie Kindern den Vorteil von gemeinsamem Spielzeug klar: Wenn alles doppelt angeschafft werden müsste, gäbe es auch nur halb so viele verschiedene Dinge zum Spielen.

Wenn es immer wieder Streit gibt, weil Ihre Kinder die Dinge sehr unterschiedlich behandeln (ein Kind ordnet die gemeinsamen Wachsmalkreiden gewissenhaft in die dazugehörige Schachtel ein, das andere wirft sie einfach durcheinander in die Kiste mit den Malsachen), müssen sie doppelt angeschafft werden.

Jedes Kind hat ein Recht auf persönliche Dinge, und Übergriffe des anderen Kindes müssen geahndet werden. Nur wenn ein Kind sicher sein kann, dass sich niemand an seinen Dingen vergreift, wird es auch das Eigentum der anderen Familienmitglieder respektieren. Dazu gehört auch die Regel, dass für Ersatz aus dem eigenen Spielzeugfundus gesorgt werden muss, wenn ein Spielzeug von Bruder oder Schwester kaputt gemacht wird. Bei sehr kleinen Kindern müssen allerdings noch die Eltern für Entschädigung sorgen.

Sie können die Regel einführen, dass generell gefragt werden muss, wenn ein Kind das Spielzeug des anderen benutzen möchte. Teilungsfreudigere Familien einigen sich auf die Regel: »Wenn der Besitzer gerade nicht mit seinem Spielzeug spielt, dürfen die anderen es benutzen.«

## Oasen für jedes Kind schaffen

Jedes Kind braucht hin und wieder Ruhe und die Möglichkeit, sich ganz auf sich selbst zu konzentrieren,

**Ältere Kinder können sich auch ein Schild für ihre Zimmertür basteln: »Halt, hier darf jetzt keiner rein!«**

sich also von der Familie und besonders seinen Geschwistern zurückziehen zu können, wenn ihm danach ist. Unterstützen Sie dieses Bedürfnis, indem Sie jedem Kind seine eigene Kuscheloase (Kissenlandschaft auf dem Bett, Hängesessel etc.) schaffen.

Eltern sollten nie eines der Kinder dazu zwingen, mit dem anderen zu spielen, wenn es gerade keine Lust dazu hat. Jedes Kind sollte nach Absprache Freunde einladen und mit diesen ohne Beisein des Geschwisters spielen dürfen. Widmen Sie sich in dieser Zeit selbst dem anderen Kind.

Halten Sie Ausschau nach Familien mit Geschwistern in ähnlicher Alterskonstellation. Dann kann Ihr Älteres beispielsweise zu seinem Freund nach Hause gehen, während dessen jüngeres Geschwister Ihr Kleines besuchen kommt.

## Schlechte Gefühle aushalten

Schlechte Gefühle gegenüber den Geschwistern sollten kein Tabu sein. Nur wenn schlechte Gefühle erlaubt sind, können gute Gefühle freigesetzt werden. Wir müssen unseren Kindern gestatten, ihre eigene Art, ihr eigenes Tempo zu finden, um miteinander in Kontakt zu treten, und sollten unbedingt der Versuchung widerstehen, ständig regulierend in ihre Beziehung einzugreifen.

Wenn ein Kind sich über längere Zeit hinweg von seinem Geschwister zurückzieht, sollten wir das Gespräch mit ihm suchen, um die Gründe für sein Verhalten zu verstehen. Im Anschluss daran können wir es ermutigen, wieder mehr auf die positiven Seiten von Bruder oder Schwester zu achten. Uns selbst sollten wir mit dem Gedanken trösten, dass eine Phase größerer Distanz zwischen unseren Kindern noch lange keine ernsthafte Störung der Geschwisterbeziehung bedeutet.

## Ein oder zwei Kinderzimmer?

Die Frage, ob zwei Kinder ein gemeinsames oder getrennte Kinderzimmer haben sollen, stellt sich meist gar nicht, sondern wird durch die Wohnsituation bestimmt. Selbst

**Auch wenn Geschwister scheinbar auf Distanz gehen: Sie erleben Freud und Leid des jeweils anderen hautnah mit.**

wenn die Wahlmöglichkeit besteht, gibt es hier zumindest bei Geschwistern mit geringem Altersabstand keine allgemeingültige Regel. Solange die Kinder gleiche Schlafenszeiten und ähnliche Interessen haben und sich die Konkurrenz in normalen Bahnen bewegt, reicht ein gemeinsames Kinderzimmer vollkommen aus. Manche Familien richten zwei vorhandene Kinderzimmer auch so ein, dass ein Raum Schlafzimmer mit einem getrennten Bereich für jedes Kind ist und der zweite Raum gemeinsames Spielzimmer.

In einem gemeinsamen Kinderzimmer sollte jedes Kind sein eigenes kleines Reich haben, das mindestens aus einem Bett, einer Aufbewahrungsmöglichkeit für Dinge, die ausschließlich ihm gehören, und einem Stück Wand, das es nach seinem Geschmack mit Bildern versehen kann, besteht. Wenn möglich, sollte das Zimmer zum Beispiel durch ein Regal optisch getrennt werden. Ein Schulkind braucht außerdem seinen eigenen Schreibtisch. In engeren Wohnungen kann das Ältere beispielsweise in Ruhe am Küchentisch Hausaufgaben machen, während das Jüngere im Kinderzimmer spielt.

Bei größerem Altersabstand und verschiedengeschlechtlichen Geschwistern sind zwei Kinderzimmer die bessere Lösung. Vor allem Jugendliche in der Pubertät sollten über ein eigenes Zimmer verfügen.

## Jedem Kind zu seinem Recht verhelfen

Sie wundern sich manchmal, warum Ihre zwei Kinder so verschieden sind? Nun, erstens hat jedes von Geburt an sein eigenes Naturell und seinen besonderen Charakter, hat entweder mehr von der Mutter oder mehr vom Vater geerbt. Und zweitens wurde jedes Kind in eine andere Familie hineingeboren: Das Erste trifft lediglich auf zwei Erwachsene, das Zweite auf Eltern und ein Geschwister. Deshalb können wir unsere Kinder nicht über einen Kamm scheren.

### Was heißt schon gerecht?

Wenn die ältere Tochter ein robustes Kind ist und der jüngere Sohn

> In der Erziehung sollten wir uns auf die ursprüngliche Bedeutung des Wortes »gerecht« besinnen, nämlich »richtig« oder »passend«.

eher ein kleines Sensibelchen, müssen die beiden unterschiedlich behandelt werden, damit jedes zu seinem Recht kommt. Elterliche Gerechtigkeit heißt, den individuellen Bedürfnissen der Kinder gerecht zu werden. Während Ihre Tochter vielleicht begeistert wäre, wenn Sie ihr später einmal ein teures Schuljahr in Amerika finanzieren, würde sich Ihr Sohn in der gleichen Situation verloren und abgeschoben vorkommen.

Wir müssen auch nicht jedem unserer Kinder zu allen Zeiten gleich viel Aufmerksamkeit, Zeit und Zuwendung widmen, sondern jedem so viel, wie es braucht – und das wird sich je nach Lebensphase der Kinder immer wieder ändern.

Wenn Kinder mit geringem Altersabstand gleichzeitig ein Geschenk bekommen, bleibt natürlich nicht aus, dass verglichen wird. In solchen Fällen ist es empfehlenswert, dieselben Dinge zu schenken, damit es keinen Streit gibt. Auch beim Taschengeld muss objektive Gerechtigkeit herrschen. Jeder große Bruder und jede große Schwester würde zu Recht lautstark protestieren, wenn das zwei Jahre jüngere Geschwister am Anfang mehr Taschengeld bekäme, als es selbst bekommen hat.

Bedenken Sie auch, dass kleine Kinder noch keine Vorstellung vom Geldwert von Geschenken haben. So manche Sechsjährige schätzt eine Barbie-Puppe für 20 Euro weit mehr als die teure Künstlerpuppe für 200 Euro. Versuchen Sie also, Geschenke mit Kinderaugen zu sehen. Wenn eines Ihrer Kinder ein einziges sehr teures Geschenk zu Weihnachten bekommt, wird es sicher sein Geschwister um die zahlreichen kleineren Geschenke beneiden, auch wenn sie in der Summe vielleicht billiger waren.

In Fragen der Gerechtigkeit muss auch die Geschwisterhierarchie bedacht werden. Das ältere Kind hat sowohl mehr Pflichten als auch mehr Rechte als das jüngere. Wenn also eines der Geschwister sich über eine angebliche Vorzugsbehandlung beschwert, die durch den Altersunterschied bedingt ist, können Sie auf ein »Warum darf der das und ich nicht?« ganz gelassen antworten: »Weil er der Große ist. Wenn

**Wenn Geschwister Spielzeug tauschen und beide damit zufrieden sind, gibt es keinen Anlass einzuschreiten, auch wenn wir Eltern der Meinung sind, dass ein Kind übervorteilt wurde.**

du einmal so groß bist, darfst du das auch.« Ansonsten sollten Sie sich von der anstrengenden Vorstellung einer absolut objektiven Gerechtigkeit gelassen verabschieden und versuchen, jedes Ihrer Kinder auf seine Weise zu lieben und zu bedenken.

## »Wen hast du lieber?«

Es gibt immer wieder Phasen, in denen wir mit dem einen Kind vielleicht besser zurechtkommen als mit dem anderen. Oft kommt das Kind, das sich unserer Liebe momentan nicht sicher ist, dann einmal mit einer Frage wie »Wen hast du eigentlich lieber, den Timo oder mich?«. Da es jedes Zögern bei der Beantwortung sofort argwöhnisch registrieren würde, sollten sich Eltern schon vorher Gedanken darüber machen. Es gibt eigentlich nur eine richtige Antwort: »Ich habe euch beide sehr, sehr gern.« Hartnäckige Kinder wie meine Tochter fragen dann gerne noch mal nach: »Ja, aber wen hast du denn noch lieber, Mama?« Lassen Sie sich nicht beirren, und wiederholen Sie Ihre Antwort so lange, bis das Kind sich zufrieden gibt. Sie können höchstens noch dazusagen: »Ich habe euch beide gleich gern, auch wenn ich mit dir zur Zeit öfter mal Streit habe.«

Nie, niemals dürfen wir einem Kind sagen, dass wir es lieber oder weniger gern als sein Geschwister haben! Beides ist für sein Selbstwertgefühl außerordentlich schädlich und heizt die Rivalität zwischen den Geschwistern unnötig an! Geschwister, die sich gut verstehen, sind meist mit dem Gefühl groß geworden, von ihren Eltern gleichermaßen geliebt und angenommen zu werden.

Es ist übrigens ganz normal, dass wir unsere Kinder auf unterschiedliche Weise und nicht zu allen Zeiten in gleichem Maße lieben. Sollten Sie aber feststellen, dass Sie tatsächlich ein Kind auf Dauer ablehnen, ist das ein ernstes Problem, und Sie sollten professionelle Hilfe suchen.

## Vergleiche vermeiden

Ganz generell sollten Eltern möglichst wenig Vergleiche zwischen ihren Kindern ziehen, besonders wenn es um Leistungen geht.

**Auch Großeltern sollten nicht ein Enkelkind zum »Lieblingsenkel« erklären. Wenn dem doch so ist, findet sich vielleicht jemand aus dem Freundeskreis oder der Verwandtschaft, der einen Ausgleich für das benachteiligte Kind schafft.**

Bemerkungen wie »Nimm dir mal ein Beispiel an deiner Schwester! Ihr Zimmer ist viel ordentlicher!« sind der geschwisterlichen Solidarität abträglich und zeigen wenig Achtung vor dem kritisierten Kind. Durch jeden Vergleich wird das Kind, das schlechter abschneidet, entmutigt, und es wird eine Abneigung gegen das Geschwister entwickeln, das sich so »vorbildlich« verhält.

Auch für das Kind, das gut abschneidet, ist der Vergleich nachteilig, da es vielleicht glaubt, die Zuneigung der Eltern sei davon abhängig, dass es bessere Leistungen zeigt als sein Geschwister. Daneben wird es oft zu überheblichem Verhalten gegenüber dem anderen verleitet.

Stärken und Schwächen eines Kindes müssen immer individuell beurteilt werden. Wenn ein Kind mit Schulproblemen stundenlang gebüffelt hat und endlich einmal eine Drei statt der üblichen Vier nach Hause bringt, ist das sicher ein größerer Erfolg als die Zwei bei seinem Geschwister, das mühelos durch die Schule geht (und doch ebenfalls ein Lob verdient).

**Auch für die Kommunikation mit Kindern gibt es eine bedenkenswerte Grundregel: Ich- statt Du-Botschaften formulieren!**

## Von Sündenböcken und schwarzen Schafen

Haben Sie schon einmal gehört, dass jemand mit trotziger Genugtuung von sich sagt: »Ich war immer das schwarze Schaf der Familie«? Wenn wir stets für eines unserer Kinder Partei ergreifen, es vorziehen und dem anderen als Vorbild hinstellen, drängen wir beide Kinder in Rollen, die die Entwicklung eines gesunden Selbstbewusstseins hemmen. Das Kind, das immer den Sündenbock spielen »darf«, wird irgendwann einmal die Meinung der Eltern übernehmen und insgeheim denken: Sie haben mich nicht so lieb wie mein Geschwister, weil ich schlecht bin. Und das Lieblingskind wird sich auf Dauer dem anderen Kind gegenüber unloyal verhalten.

Zur Vermeidung negativer Rollenzuschreibungen gehört auch, dass wir Lob und Tadel immer nur auf ein momentanes Verhalten beziehen, also zum Beispiel sagen: »Ich möchte nicht, dass du beim Essen absichtlich so herumkleckerst!« statt einem abwertenden »Du isst schon wieder wie ein Schwein!«

Manchmal müssen uns sogar Dritte, die außerhalb der Familie stehen, darauf hinweisen, dass wir eines unserer Kinder zum Sündenbock der Familie machen. Auch wenn keiner gerne Fehler zugibt, sollten wir solche Beobachtungen sehr ernst nehmen und ganz bewusst versuchen, unser Augenmerk wieder auf die Fähigkeiten, Vorzüge und liebenswerten Seiten dieses Kindes zu lenken und positives Verhalten anzuerkennen.

Oft wird dadurch ein Teufelskreis aus negativer Rollenzuschreibung und dem Drang des Kindes, diese Rolle durch schlechtes Betragen gewissenhaft auszufüllen, unterbrochen – und sein Verhalten ändert sich von selbst.

Wenn einem Ihrer Kinder hartnäckig die Rolle des Störenfrieds, Faulpelzes oder Versagers anhaftet, sollten Sie sich auch fragen, welchen Nutzen die anderen Familienmitglieder daraus ziehen, dass immer ein Sündenbock zur Stelle ist. Man kann als Erwachsener ja zum Beispiel viel besser über die eigenen Partnerschaftsprobleme hinwegsehen, wenn man sich ständig mit den schlechten Schulleistungen oder anderen Problemen eines Kindes beschäftigt.

## Vorsicht mit Rollenzuschreibungen!

Die Zuschreibung positiver Eigenschaften kann einem Kind Sicherheit verleihen, vor allem wenn sie mit seinen persönlichen Vorlieben übereinstimmt. Ein Kind, das von seinen Eltern als »künstlerisch begabt« gesehen wird, erfährt in den meisten Fällen auch Förderung und Anerkennung in diesem Bereich und die Bestätigung: Es gibt etwas, das ich wirklich gut kann.

Je enger die Rolle jedoch gefasst ist und je wertender die Bezeichnung, desto mehr beschneidet sie die Entwicklungsmöglichkeiten eines Kindes. Ein Mädchen, das immer als »die Schüchterne« gesehen wird, wird irgendwann nur noch diese Rolle ausspielen und die selbstbewussten Anteile, die genauso zu seiner Persönlichkeit gehören, nie ausprobieren.

Eltern setzen – meist unbewusst – Rollenzuschreibungen auch zur Konkurrenzvermeidung zwischen

**Hören Sie aufmerksam zu, wie Erzieherinnen oder Lehrer Ihre Kinder beschreiben. Oft treten da ganz andere Facetten der Persönlichkeit ans Licht als die, die Sie gewöhnlich wahrnehmen.**

Geschwistern ein. In der Regel wird jede Rolle in einer Familie nur einmal besetzt, und wir heben die Unterschiede zwischen unseren Kindern mehr hervor als die Ähnlichkeiten. (Oder haben Sie schon mal eine Mutter sagen hören: »Meine Buben sind sich sehr ähnlich: beide rotzfrech und wissenschaftlich sehr begabt«?) Ist die Rolle der »Sportskanone« schon an das ältere Kind vergeben, kriegt das Zweitgeborene vielleicht den Stempel des »kleinen Intellektuellen« verpasst, weil wir gar nicht wahrnehmen, dass es ebenfalls sehr sportlich ist, sondern nur, dass es schon ganz früh lesen lernt.

Damit ist zwar von Anfang an der Konkurrenzdruck geringer, weil die Leistungen der Kinder weniger miteinander verglichen werden, aber beide Kinder werden in der Gesamtheit ihrer Persönlichkeit nicht ausreichend wahrgenommen. Wenn die ältere Schwester als »unsere Brave« gilt, bleibt meist nur noch die Rolle der »kleinen Frechen« für ihre jüngere Schwester übrig. Umgekehrt gilt das natürlich auch: So mancher kleine »Sonnenschein« profitiert davon, dass durch sein älteres Geschwister die Rolle des »schwierigen Kindes« bereits besetzt ist. Wir sollten also dafür sorgen, dass jedes Kind innerhalb der Familie eine Identität erhält, die genauso viel wert ist wie die seines Geschwisters.

Die Rollen, die wir in der Kindheit abbekommen, begleiten uns oft bis ins Erwachsenenalter. Wenn ein Mann unter seinen Geschwistern immer als Versager galt, werden diese die Tatsache, dass er zum Abteilungsleiter aufgestiegen ist, entweder gar nicht wahrnehmen oder sich darüber lustig machen, seine Leistung aber auf keinen Fall angemessen würdigen.

## Das Ältere stärken

Natürlich ist jedes Erstgeborene anders, aber man kann doch Aussagen treffen, die mit einer gewissen Wahrscheinlichkeit auf das älteste Kind zutreffen. Wenn ein Kind zum älteren Geschwister wird, ist das ein prägendes Ereignis in seinem Leben. Aus dem Verlust der Einzelkindposition heraus ergibt sich oft der Wunsch, das jüngere Geschwister, das (besonders wenn es das gleiche Geschlecht hat) als Konkurrent erlebt wird, zu kontrollieren. Das kann sich auch in übertriebener Fürsorge für das jüngere Geschwister äußern, die dem älteren Kind zugleich die Zuneigung der Eltern sichert.

Erstgeborene werden meist am strengsten erzogen und sind stärker als jüngere Geschwister auf die Eltern bezogen. Sie entwickeln sich deshalb oft zu relativ konservativen, verantwortungsbewussten und manchmal auch intoleranten Erwachsenen.

Wie kann man nun einem Erstgeborenen helfen, dass sich seine Position in der Geschwisterreihe nicht negativ auf sein ganzes Leben auswirkt? Zuerst sollten wir unserem Großen immer wieder einmal gestatten, ganz klein zu sein. Gerade nach der Geburt eines Geschwisterchens wollen die Älteren oft wieder ein Fläschchen, einen Schnuller oder eine Windel. Wenn dieses Bedürfnis gestillt wird, vergeht es meist schnell.

Wenn ein Großes aber wieder völlig zum Baby werden möchte, sollten wir ihm zeigen, dass es sich lohnt, groß zu sein, weil man schon viel mehr kann und darf als das Baby. Schlagen Sie ihrem Kind vor, noch einmal ein paar Stunden als Baby zu verbringen.

**Stärken Sie Ihr Großes, indem Sie es wieder mal ganz klein sein lassen!**

**Erstgeborene neigen dazu, ihr Geschwister zu kontrollieren**

**FALLBEISPIEL**

**Der einjährige Jakob kann der Haarpracht seiner älteren Schwester Klara nicht widerstehen, greift hinein und zieht kräftig daran. Klara zieht ihrn Bruder daraufhin genauso fest an den Haaren, und Jakob fängt zu weinen an.**

*Schlechte Lösung:*

**Die Mutter mischt sich ein, nimmt Jakob auf den Arm, tröstet ihn und ermahnt Klara: »Er weiß doch noch gar nicht, dass das wehtut. Du bist die Ältere und musst vernünftiger sein. Wehe, du ziehst ihn noch einmal an den Haaren!«**
**Damit wird Klara vermittelt, dass sie kein Recht hat, sich gegen Übergriffe des Jüngeren zu wehren. Wenn sie in Zukunft wieder an den Haaren gezogen wird, bleibt ihr nichts anderes übrig, als das Opfer zu spielen und in lautes Kreischen auszubrechen. Als Reaktion der Eltern erntet sie dafür dann vermutlich: »Stell dich doch nicht so an wegen ein bisschen Haareziehen!«**

*Bessere Lösung:*

**Die Mutter mischt sich nicht ein, da Klara nur für einen kurzen Moment handgreiflich geworden ist und die Aggression einwandfrei vom Jüngeren ausging. Jakob versteht zwar noch nicht, dass Haareziehen verboten ist, wird sich aber merken, dass Klara ihm wehgetan hat, als sie ihn an den Haaren zog, und es in Zukunft sein lassen. Er beruhigt sich wahrscheinlich nach kurzer Zeit wieder, und Klara hat nicht das Gefühl vermittelt bekommen, dass sie sich alles gefallen lassen muss.**

Es muss also nicht aufräumen oder sich selbst anziehen, sondern es wird herumgetragen, mit Brei gefüttert und muss ein Mittagsschläfchen halten. Immer wenn Ihr Kind dabei etwas tun möchte, das nicht dem Babyalter entspricht, hindern Sie es daran mit dem Hinweis, dass ein Baby das aber noch nicht kann oder darf. Die meisten Kinder halten dieses Spiel nur eine kurze Zeit durch und freuen sich anschließend über ihre »neu gewonnene« Selbstständigkeit.

Nehmen Sie sich immer wieder Zeit ausschließlich für Ihr älteres Kind, und lassen Sie es dann Dinge tun, die das Kleinere noch nicht tun kann, z.B. mit Kleber hantieren, Plätzchen backen und Ähnliches mehr. Stellen Sie ihm eine Ecke zur Verfügung, in der es ungestört bauen und Gebautes auch einmal stehen lassen kann, ohne dass sein Geschwister es kaputt macht. Und auch wenn das Kleine noch nicht versteht, dass es dem Großen die Spielsachen nicht wegnehmen darf, sollten Sie es doch daran hindern und ermahnen: »Nein, damit spielt jetzt dein großer Bruder, das kannst du leider nicht haben.« Ihr älteres Kind wird so spüren, dass es genauso viele Rechte hat wie sein Geschwister.

Das ältere Kind sollte auch das Jüngere in seine Schranken weisen und sich gegen Angriffe verteidigen dürfen. Eine gute Regel ist hier, dass das Ältere von sich aus das Jüngere nicht angreifen, aber sich seiner Haut wehren darf.

Geben Sie Ihrem Älteren Strategien an die Hand, wie es sich gütlich mit dem Kleinen einigen kann. Wird es zum Beispiel beim Spiel gestört, könnte es seinem Geschwister ein anderes interessantes Spielzeug von sich anbieten.

Am meisten bedarf es der Hilfestellung bei Aggressionen gegenüber dem Jüngeren, die es zwar nicht ungebremst ausleben darf, aber auch nicht verstecken muss. Geben Sie Ihrem Kind Anregungen, wie es die Wut, die es zeitweise auf das Kleine hat, spielerisch ausleben kann, etwa in einem großen Schmierbild mit Fingerfarben oder indem es statt der kleinen Schwester sein Kissen verdrischt. Vermeiden Sie generell Aussagen wie: »Du als der/die Große bist doch schon viel gescheiter und

solltest deswegen nachgeben!« Dadurch stauen sich die Aggressionen nur auf, und der Ärger des Großen wird das Kleine irgendwann später treffen.

Wir sollten unser Erstgeborenes zwar in seinem Verantwortungsgefühl bestärken, aber auch darauf achten, dass es die Rolle des vernünftigen Großen nicht übertreibt, und es so davor bewahren, dominant und rechthaberisch zu werden. Wenn wir ihm die Verantwortung zu häufig übertragen, brauchen wir uns nicht zu wundern, wenn es uns später die Erziehung aus der Hand nehmen will. Außerdem wird ein Kind, das sich oft um sein jüngeres Geschwister kümmern muss, während die Eltern anderen Dingen nachgehen, bald den Spaß daran verlieren. Den meiner Ansicht nach wichtigsten Punkt nenne ich zuletzt: Vergessen Sie nie, dass auch Ihr großes Kind noch eine ganze Menge an körperlicher Zuwendung und Zärtlichkeit braucht!

## Das Jüngere stärken

Da heute nur wenige Familien mehr als zwei Kinder haben, bleibt dem

> **Gute Regel für den Umgang mit einem jüngeren Geschwister: Das Ältere darf das Jüngere nicht von sich aus angreifen – aber es darf sich seiner Haut wehren.**

*So gut wir es vielleicht auch meinen: Ein verwöhntes Kind wird nur schwer lernen, auf eigenen Füßen zu stehen.*

Zweitgeborenen oft die Rolle des Jüngsten sein Leben lang erhalten. Auch sie kann das Lebensgefühl eines Kindes nachhaltig prägen. Von Anfang an erlebt es sich in der schwächeren Position, weil da immer ein Geschwister ist, das alles schon besser kann, in allem schneller und geschickter ist. Das kann leicht zu Minderwertigkeitsgefühlen führen.

Zum Ausgleich machen es sich jüngste Kinder gerne in ihrer Unselbstständigkeit gemütlich, ziehen geschickt ihre Erfahrungen aus der Beobachtung der Erfolge und Misserfolge des Großen und verwenden ihren ganzen Charme darauf, ihre Bedürfnisse mit Hilfe des älteren Geschwisters und der Eltern durchzusetzen. Man erkennt manchmal noch in Erwachsenen den »Jüngsten« an dieser leichtlebigen, charmanten Art. Natürlich braucht unser Zweitgeborenes in den ersten Lebensjahren große Geborgenheit, aber wir sollten es immer wieder zu Eigenverantwortlichkeit anhalten und vermeiden, dass sich in der Familie die Haltung einschleicht, dem Jüngsten möglichst viel abzunehmen oder es zu sehr zu verwöhnen. Dadurch würden wir ihm das Gefühl geben: Ich bin so klein und schwach, die Eltern müssen mir immer helfen, und es nachhaltig entmutigen. Wir sollten auch nicht ständig betonen, was das Jüngste noch nicht kann. Kon-

### FALLBEISPIEL

**Der fünfjährige Clemens darf beim Karottenschneiden helfen. Sein zweijähriger Bruder klettert ebenfalls auf einen Stuhl und greift nach einer Karotte, weil er mithelfen will.**

*Schlechte Lösung:*
**Die Mutter nimmt ihm die Karotte aus der Hand, sagt freundlich: »Das kannst du noch nicht, mein kleiner Spatz, geh lieber spielen!« und erntet dafür lautstarkes Gebrüll.**

*Bessere Lösung:*
**Die Mutter holt ein zweites Schneidbrettchen und das stumpfste Messer im Haushalt. Sie sagt: »Dieses Messer ist das richtige für dich, es ist nicht so gefährlich wie das von Clemens«, legt eine Karotte auf das Brett, schneidet selbst ein Stück ab und gibt dem Zweijährigen dann das Messer in die Hand. Jetzt sind beide Kinder zufrieden. Der Kleine freut sich, dass er wie sein Bruder Karotten schneiden darf, und der Große sonnt sich in dem Gefühl, dass nur er mit dem »gefährlichen« Messer hantieren darf.**

takte mit Gleichaltrigen und Jüngeren helfen dem Kind, Verantwortungsbewusstsein und Fürsorglichkeit zu entwickeln. Schließlich sollten wir auch dem älteren Geschwister zeigen, wie es seine fürsorglichen Gefühle ausleben kann, indem es dem Jüngeren »hilft, es selbst zu tun« (dem wichtigsten Grundsatz der Montessori-Pädagogik), anstatt es zu bevormunden oder nach dem Motto »Ätschbätsch, das kannst du noch nicht, du Baby!« herabzusetzen.

In manchen Familien werden aus einer gewissen Bequemlichkeit heraus den Jüngsten viel mehr Rechte zugestanden als den Älteren im gleichen Alter. Jüngere sollten aber nicht vor der Zeit dieselben Rechte beanspruchen dürfen, die Ältere haben. Achten Sie darauf, dass für jede Altersstufe die gleichen Rechte gelten! Also zum Beispiel: Ab neun Jahren darf am Samstagabend noch die Quizsendung im Fernsehen angesehen werden. Doch Ausnahmen bestätigen auch hier die Regel, denn vielleicht braucht Ihr Jüngeres ja vielleicht generell viel mehr Schlaf als Ihr älteres Kind.

## Fazit

Grundlage für eine solidarische Geschwisterbeziehung ist ein harmonisches Familienleben, in dem durch Rituale und gemeinsame Unternehmungen das Zusammengehörigkeitsgefühl gestärkt, daneben aber auch jedem Kind die Möglichkeit zur Abgrenzung vom Geschwister gegeben wird. Vergleiche zwischen Kindern und negative Rollenzuschreibungen verschärfen die Rivalität zwischen Geschwistern und prägen für das ganze Leben.

## Tipps für die Praxis

➤ Vermeiden Sie Vergleiche: Aussagen wie »Deine Schwester konnte sich in deinem Alter schon längst allein die Schuhe binden!« entmutigen das Kind und schaden der geschwisterlichen Solidarität.

➤ Kaufen Sie auch mal was Neues: Damit das Jüngste nicht das Gefühl hat, es sei ein Mensch zweiter Wahl, sollte es nicht immer nur vom Älteren abgelegte Kleidung und gebrauchtes Spielzeug bekommen, sondern sich hin und wieder etwas Neues und ganz Eigenes aussuchen dürfen.

> **Viele Tätigkeiten des Älteren kann das jüngere Geschwister mit unserer Hilfe in vereinfachter Form nachahmen, so dass es sich nicht ausgeschlossen vorkommen muss.**

# Kinder streiten –
# Eltern moderieren

**Haben Sie Vertrauen
in die Fähigkeit Ihrer
Kinder, ihre Konflikte
selbst zu lösen!**

Wenn unsere Kinder in der Öffentlichkeit zanken, ernten wir Eltern oft genug böse Blicke, und das Bild von der heilen Familie, das wir so gerne präsentieren würden, gerät ins Wanken. Trösten Sie sich: Geschwisterstreit muss sein!

## Warum Geschwister streiten

Jeder Streit unter Geschwistern hat zwei Ebenen. Einmal den aktuellen Anlass, zum Beispiel dass zwei Kinder mit demselben Spielzeug spielen wollen. Genau betrachtet sind solche Anlässe jedoch oft aus der Luft gegriffen, etwa wenn ein gerade noch friedlich spielendes Kind einen Streit vom Zaun bricht, sobald der Bruder sich ein Spielzeug schnappt, das es vorher keines Blickes gewürdigt hat. Das führt uns zu der zweiten, darunter liegenden Ebene des Streits – der Ebene, auf der immer wieder aufs Neue die Rivalität um die Zuneigung der Eltern ausgefochten wird.

Streiten ist für Kinder außerdem eine wichtige Lernerfahrung: Sie üben, mit ihren Aggressionen umzugehen, dem anderen ihre Bedürfnisse deutlich zu machen und ihm damit Grenzen zu setzen. Bei handgreiflichen Auseinandersetzungen wird auch körperliche Nähe gesucht und die Rangordnung zwischen den Geschwistern sozusagen am Leib erfahren.

## Wann und wie eingreifen?

Grundsätzlich gilt, dass wir uns möglichst aus dem Streit unserer Kinder heraushalten sollten. Weil ja meistens wir Mütter dafür Sorge tragen müssen, dass keiner zu kurz kommt, können wir der Versuchung, uns zur zentralen Mittlerfigur in der Familie zu machen, manchmal nicht widerstehen. Wenn Eltern aber immer selbst die Fäden in der Hand behalten wollen, verhindern sie, dass die Kinder eine eigenständige Beziehung zueinander aufbauen.

Ein Streit, der von den Kindern nicht ausgefochten werden kann, schwelt unter Umständen untergründig weiter. Am besten wäre, die Kinder finden ihre eigene Lösung. Wenn das nicht möglich ist, sollten die

**In den Augen der Kinder ist ein Streit meist viel harmloser, als ihn die Eltern erleben.**

**Wir sollten bei einem Streit unserer Kinder nicht verlangen, dass das ältere Geschwister immer nachgibt. Oder haben Sie als Kind den Spruch »Der Klügere gibt nach!« etwa gern gehört?**

Eltern eine Lösung vorschlagen, da eine fremde Lösung immer noch besser ist als gar keine Lösung.

Wenn sich kleine oder müde Kinder in einen Streit verrennen, sollten wir eingreifen. Das muss aber mit einem Minimum an Aufwand und Aufregung geschehen. Je weniger Worte wir dabei verlieren, desto besser. Also: Verzichten Sie möglichst auf Strafpredigten.

Bei zwei- und dreijährigen Kindern, die sich um ein Spielzeug streiten und auch nach einiger Zeit zu keiner Lösung kommen, empfiehlt sich das Prinzip »Handeln statt Reden«: Entfernen Sie den strittigen Gegenstand kommentarlos! Dann ist dem Streit der Grund genommen, und mit großer Wahrscheinlichkeit spielen beide Kinder fünf Minuten später wieder friedlich miteinander.

Je älter Kinder sind, desto besser können sie im Gespräch eine Einigung suchen. Erst wenn zwei ältere Kinder nach längerer Zeit selbst keine Lösung für ihren Konflikt finden können, sollten die Eltern vermittelnd eingreifen. Spielen Sie dabei nicht den Richter! Damit begibt man sich leicht aufs Glatteis. In den meisten Fällen bekommen Eltern den Anfang eines Streits gar nicht mit – zum Beispiel dass das vermeintliche Opfer den anderen zuerst provoziert hat.

Wenn wir eingreifen, sollten wir uns jedes Mal neu um eine neutrale Haltung bemühen, beide Kinder nacheinander erzählen lassen, wie der Streit entstanden und abgelaufen ist, und das Gesagte kurz zusammenfassen. Bereits dann können wir den Kindern in den meisten Fällen die Verantwortung wieder in die Hand geben und sie ermutigen, selbst eine Lösung zu suchen. Finden die Kinder eine Lösung, mit der

## WENN KINDER PETZEN ...

**... dann haben sie kein Vertrauen in ihre Fähigkeit, sich selbst zu ihrem Recht zu verhelfen. Wenn wir also oft den Satz »Hör auf, sonst sag ich's der Mama/dem Papa!« aus dem Kinderzimmer vernehmen, sollten wir uns fragen, ob wir uns nicht schon zu oft mit der Haltung des Richters (»Wer hat angefangen?«) in die Konflikte der Kinder eingemischt haben.**

**Sie könnten beim nächsten »Die Hanna hat mich gezwickt!« antworten: »Die Hanna hat dich also gezwickt. Und was möchtest du jetzt tun?« Dadurch zeigen Sie dem Kind, dass Sie Vertrauen in seine Fähigkeit zur Selbstbehauptung haben.**

beide einverstanden sind, sollte diese von den Eltern akzeptiert werden, auch wenn sie vielleicht nicht ihrer eigenen Vorstellung von Gerechtigkeit entspricht. Geht der Streit aber endlos weiter, und die Kinder sind beide über vier, könnten Sie auch einmal eine andere Strategie ausprobieren: Lassen Sie die Kinder sich nebeneinander auf die Couch setzen, und erklären Sie Ihnen, dass sie erst wieder aufstehen dürfen, wenn sie eine Lösung gefunden haben.

Wenn wir unsere Kinder systematisch in die Pflicht nehmen, selbst Lösungen zu finden, werden wir nach einiger Zeit als Vermittler überflüssig geworden sein. Grundschulkinder stellen dann oft selbst Regeln auf und achten gegenseitig auf deren Einhaltung.

## Was tun bei großem Altersunterschied der Kinder?

Auch Geschwister mit größerem Altersabstand, bei denen eines sowohl vernunftmäßig als auch von der Körperkraft her deutlich überlegen ist, entwickeln ihre eigene Streitkultur. Ich selbst erlebe oft bei

**FALLBEISPIEL**

**Streit im Kinderzimmer. Als die Mutter kommt, erzählt Simon, der Jüngere, unter Schluchzen, dass Tinka ihm versprochen hat, mit ihm Memory zu spielen, und jetzt ihr Versprechen nicht einlösen will.**

*Schlechte Lösung:*

**Die Mutter sagt zu Tinka: »Warum könnt ihr nicht endlich mal in Frieden spielen! Was man versprochen hat, muss man auch halten. Also spiel jetzt mit ihm Memory!« Tinka bricht ihrerseits in Tränen aus und fetzt Malbuch und Stifte durchs Zimmer. Das bringt die Mutter auf die Palme, und die Situation eskaliert.**

*Bessere Lösung:*

**Die Mutter bittet Tinka, ihr den Grund für den Streit zu schildern, und fasst dann zusammen: »Du, Simon, bist also sauer, weil Tinka nicht mit dir Memory spielen will, obwohl sie es versprochen hat. Und du, Tinka, bist der Meinung, dass du trotz deines Versprechens nicht Memory mit Simon zu spielen brauchst, weil er ohne Erlaubnis in deinem Malbuch gemalt hat.« Dem Streit ist schon jetzt die Spitze genommen, weil die Kinder sehen, dass die Mutter beiden Achtung zollt. Weil die beiden sich inzwischen beruhigt haben, fügt sie nur noch freundlich hinzu: »Mal sehen, was für eine Lösung ihr zwei Schlauköpfe für euer Problem findet!« und verlässt das Zimmer. Nach kurzer Zeit kommt Tinka gelaufen: »Schau, Simon hat mir ein Auto geschenkt, weil er in meinem Malbuch gemalt hat.« Kurze Zeit später spielen beide Kinder friedlich Memory.**

**FALLBEISPIEL**

Der einjährige Tim spielt auf dem Fußboden mit Bauklötzen. Sein großer Bruder geht an ihm vorbei und schubst ihn wortlos um, so dass der Jüngere mit dem Hinterkopf aufs Parkett knallt und zu schreien beginnt.

*Schlechte Lösung:*

Der Vater, der die Szene hinter seiner Zeitung mitbekommen hat, springt auf, nimmt den Kleinen auf den Arm und tröstet ihn: »Du Armer, hat dir dieser Grobian schon wieder wehgetan! Marius, ich hab dir schon tausendmal gesagt, du sollst den Kleinen in Frieden lassen. Geh in dein Zimmer, ich will dich nicht mehr sehen!« Marius' Verhalten zeigt, dass er sich permanent zurückgesetzt fühlt und die Rolle des Sündenbocks (in Abgrenzung zu der Rolle des süßen Kleinen) angenommen hat. Immerhin hat er kurzfristig erreicht, was er »wollte«: Sein Vater hat ihm Aufmerksamkeit zukommen lassen, wenn auch in Form von Schimpfen und Strafe. Es wird nicht lange dauern, bis Marius sein Verhalten wiederholt.

*Bessere Lösung:*

Der Vater steht auf, beachtet Marius erst gar nicht, nimmt Tim auf den Arm und tröstet ihn mit möglichst wenig Aufheben. Hat Tim sich beruhigt, setzt der Vater ihn zurück zu seinen Bauklötzen. Dann nimmt er Marius (auch gegen dessen Widerstand) auf den Schoß, sieht ihm in die Augen und sagt ruhig und fest: »Ich möchte nicht, dass du Tim umschubst! Es tut ihm weh. Hast du mich verstanden?« Er wartet die Rückmeldung von Marius ab, aus der sich unter Umständen ein längeres Gespräch ergeben kann. Danach schlägt er Marius vor, ihm ein Buch vorzulesen.

meiner Fünfjährigen und meinem Eineinhalbjährigen, dass ein Streit bei Nichteinmischung sehr schnell vorübergeht und die beiden bald wieder friedlich miteinander spielen, ohne dass der Kleinere immer den Kürzeren zieht.

Wenn sich keine Lösung abzeichnet, können Sie so ähnlich wie oben beschrieben vermitteln, indem das größere Kind seine Version des Streits schildern darf und Sie dann selbst versuchen, das Verhalten des Jüngeren zu deuten: »Du willst also in Ruhe malen, und Anton will unbedingt mit den Stiften spielen. Vielleicht möchte er einfach nur in deiner Nähe sein.« Bitten Sie das Ältere um einen Lösungsvorschlag, und feilschen Sie mit ihm, bis eine Lösung gefunden ist, die auch dem Jüngeren gerecht wird. In diesem Fall könnte die Ältere dem Jüngeren Tafel und Kreide von sich ausleihen, damit er sich zu ihr setzen und sie trotzdem in Ruhe malen kann.

## Keine Entschuldigung erzwingen!

Selbst wenn ein Kind im Verlauf eines Streits deutlich unterlegen ist und zu weinen beginnt, sollten Sie dem anderen erst die Chance geben, sich zu entschuldigen und das Geschwister selbst zu trösten. Zwingen Sie aber Ihre Kinder zu keiner Entschuldigung! Denn wenn ein Streit keine Lösung gefunden hat, trägt ein Kind seinen Groll weiterhin mit sich herum und wird sich später am anderen doppelt für die Nötigung rächen.

## Wie reagiere ich auf Handgreiflichkeiten?

Kinder gehen rauer miteinander um, als Erwachsene es gewohnt sind. Kleinere Blessuren gehören zu einer Kindheit. Bei Handgreiflichkeiten, besonders zwischen Kindern mit geringem Altersunterschied, sollten wir uns nicht immer gleich einmischen. Denn vor allem kleine Kinder bis zu drei Jahren verteidigen ihr bewegliches Hab und Gut mit vehementem Körpereinsatz, da sie es als Teil ihrer selbst begreifen und das Konzept des Teilens noch gar nicht richtig verstehen. Bei größeren Kindern sollten Eltern allerdings immer wieder betonen, dass man sich besser mit Worten auseinander setzt.

Bei hitzigen körperlichen Auseinandersetzungen, aus denen die Kinder selbst nicht herausfinden, empfiehlt sich zur Abkühlung, die Streithähne nacheinander an der Hand zu nehmen und in verschiedene Zimmer zu verfrachten mit dem Hinweis: »Wenn ihr euch beruhigt habt, könnt ihr zu mir kommen, und wir suchen gemeinsam eine Lösung.« Später sollten Sie dann mit beiden Kindern zusammen oder mit jedem einzeln in gelöster Atmosphäre noch einmal über die Gründe des Konflikts sprechen.

## Wenn der Streit überhand nimmt

Haben Sie das Gefühl, dass Ihre Kinder ständig streiten, sollten Sie zuerst darüber nachdenken, ob Sie hier vielleicht eine sehr niedrige Toleranzschwelle haben und die Sache dramatischer sehen, als sie wirklich ist. Versuchen Sie, Ihre negative Einstellung »Unsere Kinder sind wie Hund und Katz« in die

*Manchmal können wir uns sogar etwas abschauen von der Streitkultur unserer Kinder.*

*Kleine Kinder verteidigen ihr Hab und Gut mit allen Mitteln*

In der Öffentlichkeit empfiehlt es sich, Streithähne einfach voneinander zu trennen und die Lösung des Konflikts auf später zu vertagen.

Geschwisterstreit gehört zum Familienalltag

Haltung »Geschwisterstreit muss sein und gehört zum Leben jeder Familie« zu ändern.

Schreiben Sie einmal über mehrere Tage auf, wie viel Zeit Ihre Kinder miteinander in der Wohnung verbringen und wie lange sie wirklich miteinander streiten. Ist eine halbe Stunde Streit so schlimm, wenn man sieben Stunden miteinander verbringt? Gewöhnen Sie sich außerdem an, weniger als bisher in Streitigkeiten einzugreifen. Vielleicht halten Sie ja durch die Aufmerksamkeit, die Sie den streitenden Kindern zukommen lassen, den Konflikt am Laufen. Und wenn, greifen Sie möglichst nur dann ein, wenn Sie selbst ruhig sind!

Wenn Sie mit diesen Lösungsansätzen nicht weiterkommen, müssen Sie eine tiefer gehende Analyse der Streitereien vornehmen. Notieren Sie ein paar Tage lang die Situationen, in denen gestritten wird, die Uhrzeiten, wann gestritten wird, die Anlässe, warum gestritten wird, und versuchen Sie, das Muster dahinter zu erkennen. Streiten Ihre Kinder vielleicht nur am Spätnachmittag, wenn sie müde und hungrig sind? Dann könnten Sie das Abendessen nach vorne verlegen oder den Kindern vorab eine kleine Zwischenmahlzeit servieren.

Oder liegt allen Streitigkeiten der gleiche Konflikt zu Grunde? Wenn immer ein Kind den Streit vom Zaun bricht, müssen wir in Gesprächen die Ursache für seine Aggression suchen, ihm verstärkt Zuwendung zukommen lassen und ihm helfen, sich besser abzugrenzen.

Wenn die »Schuld« auf beiden Seiten liegt, kann man ältere Kinder aktiv mitwirken lassen, eine Lösung zu finden. Beide werden aufgefordert, ein paar Tage lang die Auslöser und Ursachen für ihre Streitigkeiten zu notieren. In einem Gespräch werden dann die unterschiedlichen Standpunkte abgeglichen und gemeinsam Lösungsvorschläge er-

**»KAMPFREGELN«**

➤ Nicht mit Gegenständen aufeinander losgehen.

➤ Nicht beißen, kratzen, an den Haaren ziehen.

➤ Wenn einer laut »Stopp!« ruft, sofort aufhören.

arbeitet. Unterstützen Sie die Kinder auch, ihr Geschwister in einem positiveren Licht zu sehen, indem Sie sie aufschreiben lassen, was sie am andern schätzen.

Ein Dauerstreit zwischen Geschwistern kann auch auf einem Konflikt der Eltern beruhen. Die Kinder führen dann den Streit der Eltern fort, und diese finden ihr eigenes Verhalten im Kinderstreit gespiegelt wieder. Sollen wir deshalb nur noch hinter verschlossenen Türen streiten? Nein, aber wir sollten unseren Kindern eine konstruktive und faire Art des Streitens vorführen und eine Auseinandersetzung nicht mit Türenknallen, sondern mit einem Kompromiss beenden.

Kinder spüren auch versteckte Konflikte und unterdrückte Aggressionen zwischen ihren Eltern und streiten dann manchmal stellvertretend für sie. Dann müssen wir das Übel an der Wurzel packen und uns zwingen, uns mit unseren eigenen Gefühlen auseinander zu setzen.

## *Fazit*

Streit ist eine wichtige Lernerfahrung für Geschwister: Sie üben dabei den Umgang mit ihren Aggressionen und lernen, Grenzen zu setzen. Wenn Kinder streiten, sollten die Eltern nicht den Richter über Schuld und Unschuld spielen, sondern den Moderator, der den Kindern hilft, eigene Lösungen zu finden.

## *Tipps für die Praxis*

➤ Halten Sie sich raus: Sprinten Sie nicht gleich los, wenn im Kinderzimmer Streit ausbricht, sondern warten Sie erst mal ab, ob die Kinder das nicht unter sich klären können. Erst wenn die Fetzen fliegen und es zu körperlichen Auseinandersetzungen kommt oder ein Kind deutlich unterlegen ist, sollten Sie eingreifen.

➤ Vorsicht mit voreiligen Schuldzuweisungen: Auch wenn es auf den ersten Blick so aussieht, als sei ein Kind der »Schuldige«, sollten Sie sich immer um eine neutrale Haltung bemühen. Lassen Sie beide Kinder erzählen, wie der Streit entstanden ist, und fassen Sie dann das Gesagte zusammen. Meist können vor allem ältere Kinder dann selbst eine Lösung finden.

> Auch in Sachen »Richtig streiten« sollten Eltern ihren Kindern ein Vorbild sein.

## Zum Weiterlesen

**Baum, Heike:** Mama, der ärgert mich immer. Über Streit und Eifersucht unter Geschwistern; Kösel Verlag, München 2003.

**Biddulph, Steve:** Das Geheimnis glücklicher Kinder; Beust Verlag, München 2000.

**Dreikurs, Rudolf, Soltz, Vicky:** Kinder fordern uns heraus. Wie erziehen wir sie zeitgemäß?; Klett-Cotta, Stuttgart 2001.

**Endres, Wolfgang, Olivieri, Markus:** Geschwister ... haben sich zum Streiten gern; Beltz Verlag, Weinheim 2000.

**Kasten, Hartmut:** Geschwister. Vorbilder, Rivalen, Vertraute, Reinhardt; München 2001.

**Liebich, Daniela**: Tauziehen um die Elternliebe. Warum Geschwister miteinander rivalisieren; Herder spektrum, Freiburg i.Br. 2002.

**Maier-Hauser, Heidi:** Lieben – ermutigen – loslassen. Erziehen nach Montessori; Beltz Verlag, Weinheim 2000.

**Prekop, Jirina:** Erstgeborene. Über eine besondere Geschwisterposition; Kösel Verlag, München 2002.

**Schneider, Ruth:** Geschwister - streiten, toben, kuscheln, Gütersloher Verlagshaus; Gütersloh 2000

**Schoenaker, Theo und Julitta, Platt, John M.:** Die Kunst, als Familie zu leben. Ein Erziehungsratgeber nach Rudolf Dreikurs; Herder Spektrum, Freiburg i.Br. 2000.

**Unverzagt, Gerlinde:** Kinder, vertragt euch doch. Warum Geschwister nicht nur friedlich sein können; Herder, Freiburg i.Br. 1999.

**Veith, Peter:** Jedes Kind braucht seinen Platz. Geschwister in der Familie, Herder; Freiburg i.Br. 2000

# Register

### Die Autorin

Stefanie Schaeffler, M.A., ist freiberufliche Autorin, Übersetzerin und Sachbuchlektorin. Seit Jahren beschäftigt sie sich mit psychologischen, pädagogischen und Gesundheitsthemen. Ihre praktische Erfahrung bezieht sie aus der Erziehung ihrer drei Kinder im Alter von einem, fünf und siebzehn Jahren.

### Der Illustrator

Christian Weiß ist Diplomdesigner und Volljurist. Seine Kunst ist weltweit im Werbe - und Designbereich vertreten. Unter anderem arbeitet er für die bekannte Ritzenhoff-Kollektion. Aktuell wurde er mit dem Red-Dot-Award ausgezeichnet, einem der führenden internationalen Designwettbewerbe, um den sich jährlich 5000 Einsender aus 38 Ländern bewerben. Mehr Info über den Künstler unter: www.christianweiss.de

### Hinweis

Das vorliegende Buch ist sorgfältig erarbeitet worden. Dennoch erfolgen alle Angaben ohne Gewähr. Weder Autorin noch Verlag können für eventuelle Fehler oder Schäden, die aus den im Buch gegebenen praktischen Hinweisen resultieren, eine Haftung übernehmen.

Der Südwest Verlag ist ein Unternehmen der Ullstein Heyne List GmbH & Co. KG
© 2003 Ullstein Heyne List GmbH & Co. KG, München

**Redaktion:**
Gernot Geurtzen

**Redaktionsleitung:**
Nina Andres

**Coverfoto:**
GettyImages, München:
(Taxi / Barbara Peacock)

**Illustrationen:**
Christian Weiß / X-Design

**Umschlagkonzeption und Innenlayout:**
Lohmüller Werbeagentur, Berlin

**DTP/Satz:**
Mihriye Yücel

**Produktion:**
Angelika Kerscher ,
Gabriele Kutscha

**Druck und Bindung:**
Weber Offset, München
Conzella, Aschheim-Dornach

Gedruckt auf chlor- und säurearmem Papier

ISBN 3-517-06680-X